KB072258

딱 여섯 시까지만 열심히 하겠습니다

딱 여섯시까지만 열심히 하겠습니다.

이선재 지음

일의 중심을 '나'로 바꾸는 방법

팩토리나인

회사를 바꾸거나 그만둔다 해도
끝나지 않을 고민에 대하여

내 첫 직장은 스타트업을 대상으로 초기 투자를 하는 곳이었다. 전공과 무관했을 뿐만 아니라 콘텐츠를 기획하고 만들던 이전의 경력과도 직접적인 관련이 없었다. 지인들은 나의 취업 소식을 축하해주면서도 '투자 회사?'라며 되물었는데, 나를 조금이라도 아는 사람이라면 나와 그 단어가 얼마나 안 어울리는지 알았기 때문일 거다.

첫 취업은 예상치 못하게 이루어졌다. 대학 졸업 무렵 참여한 외국계 기업의 펠로우십 프로그램에서 인연을 쌓은 분이 새로 회사를 만들면서 입사 제의를 해 온 것이다. 나는 길게 고민하지 않고 회사 설립 단계에 합류했다. 생각 없이 덜컥 수락한 것은 아니었다. 짧은 기간 동안 나름대로 밀도 있게 고민했다. 물론 회사가 만들어지는 단계였기 때문에 주어진 정보가 거의 없었다. 구체적으로 어떤 일을 하게 될지, 그 일이 나와 잘 맞을지 가늠할 수 있는 상황은 아니었다.

반면 내게 한 가지 확실하게 주어졌던 정보가 있었는데, 그건 '누구와 일하게 될지'에 대한 것이었다. 꽤 인상 깊게 읽었던 어느 책에 이런 구절이 있었다. "일하는 20대에게 가장 중요한 것은 연봉이나 회사의 규모, 인지도가 아니라 누구와 일하는가이다." 막 일을 시작하고 사회에 첫발을 내딛은 20대에게 '누구와 일하는가'는 장기적인 관점에서 그 사람의 꿈과 역량의 크기를 결정하므로, 다른 무엇보다 함께 일하게 될 사람이 압도적으로 중요하다는 뜻이다.

다시 생각해도, 나는 당시 오직 그 이유 하나 때문에 합류를 선택했던 것 같다. 한번 마음을 정하고 나니 다른 사람들이 우려하는 것들, 이를테면 그곳이 중소기업이라는 점, 내가 이 회사에서 어떤 일을 하게 될지 모른다는 점(근데 솔직히 현실에서 A라는 일을 하는 것으로 알고 입사해도 눈 떠보면 Z라는 일을 하고 있는 경우가 허다하다.), 이 분야에 경험이 전혀 없다는 점(경험이 없지만 기회가 주어졌다면, 그 기회를 잡을지 말지 내가 결단을 내리면 될 일이다.), 연봉이 높지 않을 수도 있다는 점(하한선이 중요하기는 하다.) 등은 크게 중요한 요소가 아니었다. 그렇게 나는 생각보다 쉽게 -누군가의 눈에는 대책 없이- 첫 직장을 선택했다.

첫 직장은 무척 역동적이었다. 항상 크고 작은 변화가 따랐고, 안정이나 규칙, 루틴 같은 말들과는 다소 거리가 멀었다. 맡은 일의 성격에 따라, 새로 착수한 프로젝트에 따라, 팀이 집중하는 안건에 따라 나의 고민과 책임이 빠르게 변하고, 변해야 하는 환경이었다. 자연히 매 시기마다 나는 늘 고민이 많았고, 그 고민을 좇는 과정에서 '그냥 일만' 했다면 가닿지 못했을 좋은 생각들을 하게 됐다.

치열하게 일하고 고민하며 알게 된 것은, 고민도 자꾸 하면 실력이 는다는 것이다. 근육 같은 것이다. 일과 관련된 고민은 특히 그렇다. 내 고민을 치열하고 끈질기게 파는 과정을 겪은 사람과 그렇지 않은 사람은 쌓아온 시간과 경력의 밀도가 다를 수밖에 없다.

다만, 경험상 모든 고민이 같은 가치를 갖는 것은 아니었다. 그 고민에 집중했을 때 얻게 될 힌트들이 나의 삶과 일에 도움이 되는 것이 있는가 하면, 에너지만 소진하고 결국 문제는 해결하지도 못한 채 비관적인 사고를 가지며 끝나게 하는 고민도 있었다. 그래서 고민을 하면서도 내가 하는 고민이 무엇을 위한 것인지, 이고민을 통해 나는 어떤 문제를 해결하기를 원하는지 물어야 한다고, 스스로 자주 되뇌었다.

문제를 해결할 생각도, 그 문제가 바뀌리라는 기

대도 없으면서 계속해서 불평, 불만을 멈추지 않는 것은 전혀 발전적이지도, 생산적이지도 않으며 동시에 시간과 에너지를 깎아 먹기 때문에 해롭기까지 하다. 가까운 지인에게 하는 하소연이나 불평이 모두 불필요하다고 말한다면 조금 각박하겠지만, 경험상 그런 비생산적인 불평과 불만이 길어지고 반복되면 나도 모르게 거기에 갇힌다. 내가 해결할 수 없거나 해결할 생각이 없는 것에 대한 고민이나 불만에 사로잡히는 것이다. 그 대신 뭔가를 바꾸기 위해 작은 행동이라도 하거나, 아니면 내가 해볼 수 있는 것에 대한 고민으로 옮겨가는 편이 정신 건강에도, 실제 삶에도 훨씬 이로운 것 같다.

　나는 일과 관련된 고민에는 크게 두 가지 종류가 있다고 생각한다. 회사를 그만두거나 옮기면 해결되는 고민과 그렇지 않은 고민. 고민의 내용은 사람마다, 조직마다 여러 종류가 있을 것이다. 굳이 이런 기준으로 분류한 것은 꽤 많은 사람들이 일과 관련된 고민의 원인 혹은 해결책이 모두 '회사'에 있다고 생각하는 경향이 있기 때문이다.

그러나 모든 고민에 대한 답이 회사에 있을 수는 없다. 모든 고민의 원인이 회사에 있는 것도 아니다. 이는 오히려 우리가 지나치게 회사 중심적으로 생각하고 있는 것이다. 회사는 우리가 일을 통해 무언가 얻기를 기대할 때 그를 가능하게 해주는 수단 중 하나다(물론 중요한 수단이다.). 다만, 그렇다 할지라도 회사가 우리의 전체 에너지를 관장하는 존재는 아니다. 그렇게 두어서도 안 된다.

후자, 그러니까 회사를 바꾸거나 그만둔다고 해도 끝나지 않는 고민에 대해 우리가 좀 더 자주, 진지하게 얘기해봤으면 좋겠다. 그래서 일과 관련된 모든 고민의 결론이 '때려쳐~', '이직해~'로 내려지는 게 아니라 내 고민의 근본적 원인은 무엇인지, 그 고민을 해결하기 위해 준비하고 시도해볼 수 있는 옵션은 무엇이 있는지 궁금해하게 된다면 좋겠다. 나아가 생산적인 고민을 하고, 그 고민을 해결해나가기 위해 건강한 방식으로 분투하는 과정에서 우리가 일의 주인으로 설 수 있는 주체적인 사고방식을 갖추게 된다면 더 좋겠다.

이 책에서는 회사를 바꾸거나 그만둔대도 끝나지 않을 고민들에 대한 이야기를 주로 할 것이다. 그리고 실제로 그 고민들을 통해 회사 '밖'에서 시도하고 행동하여 옵션을 찾은 사람들의 이야기도 함께 들여다보려 한다. 퇴근 후 시간을 철저히 '나'를 위한 시간으로 채우고 있는 아홉 명의 사람들이 실제로 어떤 식으로 일하고 있는지, 어떤 고충을 겪으며 또 어떤 만족감을 얻고 있는지 허심탄회하게 이야기한다. 이를 통해 당신이 이 책을 덮을 때는 일의 중심에 회사가 아니라 '나'를 놓을 수 있기를 바란다. 회사에 다니고, 승진을 하고, 연봉을 올리는 것 외에도 우리가 일에 관해 할 수 있는 말과 고민은 정말이지 무궁무진하다.

모두 결혼하니까 나도 하는 결혼보다는, 결혼이 당

연하지 않은 시대에 주체적으로 동반자를 선택한 것이
훨씬 멋지고 건강해 보인다. 일 역시 그렇게 주체적으로
선택할 수 있다면 멋지지 않을까. 물론 원하는 것을 좇
는 과정에서 현실이라는 풍파에 깎이며 처음 꿈꾸던 것
과는 다른 모양이 될 가능성도 있지만, 그럼에도 다른
것이 아니라 '나를 위해' 달리는 삶, '내가 주인이 되어'
달리는 삶을 포기하지 않고 계속 추구하면 좋겠다.

　　일이란 무릇, 무엇을 얻기 위해 어느 정도 내 것
을 내어주고 포기하는 것이라고 생각하는 사람들이 많
다. 더 높은 연봉을 얻기 위해, 인정을 받기 위해, 평판
을 얻기 위해, 명예를 갖기 위해. 하지만 일하는 이유를
어떤 버전으로 갖다 붙인다고 해도 그 답은 결국은 '나
를 위해서'다. 나를 위해 하는 일이 나를 잡아먹지 않도
록, 혹은 내게 중요한 것을 나답게 얻을 수 있도록, 나
를 최우선에 놓으면서도 현명하게 해내는 법을 이 책을
통해 함께 고민해볼 수 있다면 좋겠다.

이선재

"잘들 있게, 나는 가네"

한시연

6시 전에는 외국계 기업 근무
6시 후에는 직장인 브이로그 유튜브 채널 운영

"회사를 그만두고 유튜브를 전업으로는 하지는 않을 거 같아요. 정말 좋아서 시작한 취미인데, 종종 여기에 잠식당할 거 같다는 느낌이 들거든요. 근데 저는 회사에 다니다가 정해진 시간에 출근을 하고 그곳에서 있는 동안 온전히 회사 일에 집중하면서 오히려 환기가 돼요. 그건 회사 일에 파묻힐 거 같은 유튜브가 주는 효과랑 같아요. 두 가지 일이 서로 압박을 나누며 사이좋게 가고 있는 느낌이에요."

김가영(가명)

6시 전에는 교육콘텐츠 기업 근무
6시 후에는 펍 '취향로3가' 운영

"개발자의 일도 좋아하지만 항상 어딘지 모를 갈증이 있었어요. 마음이 허하고 나를 위해서는 한 게 없다는 느낌. 생각해보니 나는 사람들을 만나고 도움을 줬을 때 보람을 느끼는 사람인데, 개발자는 컴퓨터를 통해 세상을 보는 직업이더라고요. 펍을 열면서 고객들을 면 대 면으로 만나 이야기하고 일대감을 갖는 것이 생각보다 보람이 커서 저는 이 생활이 기대 이상이에요."

6시 전에는 국내기업 시스템개발팀 근무
6시 후에는 소설가

신원섭

"회사생활에서 오는 스트레스를 크게 해소할 수 있어요. 회사를 큰 조직이니까 나를 부품 중 하나처럼 느끼게 할 때가 있거든요. 그럴 땐 자의식에 상처도 받고 내 존재 이유가 뭔지 생각하게 되는데, 그럴 때면, 제가 구축한 세계, 이 글들이 토대처가 되어 주더라고요."

6시 전에는 금융회사 마케팅팀 근무
6시 후에는 커뮤니티 '해라! 클래스' 운영

조송재

"무슨 일을 해보기 전에 고민을 너무 오래 하는 건 무의미할 수 있어요. 실제로 해보면 내가 기대했던 게 전혀 충족되지 않기도 하고, 대신 내가 예상하지도 못한 것들이 얻어지기도 하니까. 그래서 사이드 프로젝트든 따뜻이든 어학이든 그 것이나 생각이 반복적으로 맴돈 다는 것은 다 뭔 모르는 게에 그걸 갈게 원하기 때문이니 길게 고민 하지 말고 일단 그냥 해봤으면 좋겠어요."

6시 전에는 대학 겸임교수
6시 후에는 커뮤니티 '낯선대학' 운영

"회사 눈치, 주변 사람 눈치 같은 방지턱 때문에 해볼 수 있는 여지가 있어도 주저하는 분들이 많은 거 같아요. 물론 그런 압박은 이겨내야 하는 것 중 하나입니다. 회사가 늘 옳지도, 나를 책임져줄 수도 없음을 생각했을 때, 지금 내가 하고 싶고 도전해보고 싶은 게 있다면 현실에서 가능한 만큼 그걸 시도해보세요."

백영선

6시 전에는 IT회사 마케팅팀 근무
6시 후에는 독립출판, 커뮤니티 활동

"에너지 배분이나 관리는 따로 하지 않아요. 재밌으면 그냥 힘이 나요. 오히려 집에 아무것도 하지 않고 있을 때 축 늘어지는 느낌이 들거든요. 아무리 쉬어도 쉰 것 같지 않고, 차라리 오히려 밖에 나가서 돌아다니고 사람 만나고, 일을 벌이면서 에너지를 받아서 더 활기 있게 일할 수 있는 거 같아요."

이승희

6시 전에는 협동조합 근무
퇴근 후에는 화가, 캘리그라퍼

"남들이 벅차 보인다고 할 정도로 여러 가지 일들을 하고 있지만, 그중에 수동적으로 혹은 억지로 하는 일은 전혀 없어요. 주체적이라는 게 내가 하고 싶은 방향을 고민할 여유가 있다는 뜻이라면 저는 80% 이상 주체적으로 살고 있습니다. 내가 다 하고 싶어서 하는 일, 이 자체로도 충분히 주체적인 삶이라고 볼 수 있지 않을까요?"

배희열

6시 전에는 초등학교 교사
퇴근 후에는 젠더 교육 연구회 '아웃박스' 활동

김수진

"내 우주가 지금 내가 있는 이 교실만큼밖에 안 되다는 생각이 들었어요. 한번 일을 시작하고 업계에 몸담기 시작하면, 그 밖에 있는 사람들을 만나 주체적으로 대화를 나누기 쉽지 않잖아요. 그런데 퇴근 후 아웃박스나 드레바리 활동 등을 하다 보니 내가 생각지도 못한 세상이 이만큼 넓게 있더라고요. 그 넓은 세상을 좀 더 알아가고 싶은 마음과 내 우주가 더 소중해지는 마음이 함께 들었죠."

6시 전에는 작가 겸 칼럼니스트
퇴근 후에는 번역가, 강연자 등으로 활동

박상현

"'왜 나한테 답이 없지?'라고 생각할 필요 없어요. 우리는 이전 세대가 안 가본 지점에 도달했고, 여기부터는 개척의 영역이죠. 그렇다면 '왜 답이 없지?'가 아니라 '자, 답은 뭘까?'라고 질문을 바꾸면 돼요. 사회가 달라지고 세상이 달라졌다는 걸 온몸으로 느끼고 있다면, 그걸 더 적극적으로 고민해야 합니다."

언젠가 우리 모두
배에서 내려야 할지 모른다

PART 01

서퍼로 살아남기를 선택한 사람들

"이런 책을 쓰게 됐어요."

퇴사를 앞두고 있던 즈음, 점심 식사 자리였다. 앞에 앉아 있는 다은 님과 소연 님에게 말을 꺼냈다. 두 사람은 '뉴닉'이라는 밀레니얼을 위한 시사교양 뉴스레터 서비스를 운영하는 스타트업의 공동 창업자였는데, 대학의 학회에서 만나 이제는 회사를 함께 운영하는 동료가 되어 분투하는 중이다. 다은 님과 소연 님은 내가 무척 신뢰하는 사람들이었기 때문에 책의 기획을 공유하고 이에 대한 두 사람의 의견을 듣고 싶었다.

"와, 좋은데요! 언젠가 다은 님이 했던 이야기가 생각나요."

소연 님이 말했다. 무슨 얘기인지 물으니, 다은 님이 쑥스럽게 웃으며 소연 님에게 말했다.

"서퍼 얘기 말하는 거 맞죠?"

서퍼 얘기의 요지는 이렇다. 일의 세계를 하나의 '거친 바다'라고 봤을 때, 누군가는 거친 바다에서 살아남을 수 있는 튼튼하고 호화로운 배에 탑승하는 것을 목표로 삼는다. 반면 다른 누군가는 좋은 배에 타는 대신 훌륭한 서퍼가 되어, 어떤 파도가 오더라도 그 파도에 올라타 즐길 수 있는 삶을 살아간다.

"완전 공감해요. 아무리 좋은 배에 올라탔다고 한들, 선장이 될 수 있는 게 아니라면 언젠가 우리 모두 배에서 내려야 하니까요."

그 분류에 따르자면 우리 셋 모두 호화로운 유람선보다는 서핑 보드에 관심 있는 쪽이었다. 그래서 그날 식사 자리에서도 그렇게 함께 밥을 먹고 있었을 것이고.

물론 한 번도 '크고 튼튼한 배'에 타는 것을 목표로 삼았던 적이 없다고 말한다면 거짓말일 테다. "머슴도 큰 집 머슴을 해야 한다."는 말이 공공연하게 도는 사회에서 어른들이 말하는 좋은 회사, 남들이 다 알아주는 회사, 돈 많이 주고 복지 좋은 회사에 가는 것을 한 번도 꿈꾸지 않았다면 그게 더 이상한 일이다. 생각이 바뀌게 된 데는 나름의 사연이 있다.

'어디에 들어갈 것인가' 대신 '무엇을 할 것인가'

이를 위해서는 조금 진부하지만 내 대학 시절 얘기를 해야 할 것 같다. 나는 꽤 어릴 때부터 저널리스트가 되고 싶었다. 내가 알고 있는 범위 내에서, 글을 쓰며 먹고살 수 있는 직업 중 가장 마음에 드는 것이 당시에는 기자였기 때문이다. 꽤 오래 품었던 꿈을 대학에 오고 접었는데, 거기에는 두 가지 이유가 있다.

첫째, 한국에서 기자가 되기 위해 치러야 하는 '언론고시'가 도무지 납득이 가지 않았다. 물론 그 과정에서 회사가 지원자에게 요구하는 것을 모두 납득하며 전형에 임하는 사람은 없겠지만, 나는 자기 설득이 되지 않으면 무언가 실행하기가 유독 어려운 타입이었다.

둘째, 가까운 친구들에게 도움이 되고 좋은 영향을 미칠 수 있는 콘텐츠를 만들고 싶었는데(어릴 때는 그게 '뉴스'라고 믿었다.) 언론사에 입사하는 것이 그 최선의 방식인지 스스로 자신 있게 답할 수 없었다. 당시 내 주위에서 신문을 읽거나 방송 뉴스를 보는 친구들은 거의 없었고, 대부분이 페이스북이나 포털, 커뮤니티 등을 통해 콘텐츠를 소비했기 때문이다. 이런 흐름이 바뀔 것 같지도 않았다. 더 많은 친구들이 훨씬 더 다양한 방식으로, 더 넓은 세계에서 콘텐츠를 소비하고 수집할 것은 분명해 보였다. 나는 그 변화가 만들어내는 기회 편에 서고 싶지, 그 변화를 두려워하거나 부정하는 편에 서고 싶지 않았다. 그래서 언론고시 준비는 졸업반까지 최대한 미뤄두고, 더 이상 미룰 수 없을 때가 오기 전까지는 다른 여러 가능성을 모색해보기로 결심했다.

졸업을 한 학기 앞두고 있던 즈음, 구글 코리아에서 마련한 '구글 뉴스랩 펠로우십' 프로그램에 참여하게 됐다. 한국의 뉴스 콘텐츠 혁신을 위한 실전형 프로그램으로, 파트너 언론사와 구글 코리아, 멘토를 맡는 운영진과 협업하여 12주 동안 젊은 독자를 타깃으로 하는 뉴스 콘텐츠를 만들고 유통해보는 프로그램이었다. 결과적으로 이 시기에 비슷한 꿈을 꾸고 비슷한 문제의식을 가진 동료들을 만나게 되었고, 이 만남은 언론고시 혹은 언론사/방송사 '입사'에 대한 생각을 날려버리게 된 데에 결정적인 영향을 미쳤다.

변화의 속도는 너무 빠르고, 지금의 10대와 20대는 페이스북을 떠난 지 오래되었지만, 그때만 해도 페이스북에는 동영상 기능이 막 도입되던 참이었다. '라이브 스트리밍' 기능은 존재하지도 않았다. 지금 대부분 알려진 채널들이 생기기도 전이니, 소셜 플랫폼에서 콘텐츠를 매개로 비즈니스를 할 수 있다는 생각은 아주 소수의 사람만 하던 시절이기도 했다. 그때 프로젝트를 함께했던 친구들과 콘텐츠를 매개로 뭔가 해보겠다는 생각에서, 여러 곳에서 도움을 얻어 강남에 있는 사무실로 출근을 하며 이런저런 실험을 했더랬다. 월급은 없었고, 조만간 월급이 나올 가능성도 없었으며, 우리가 이걸로 뭘 할 수 있을지에 대해서도 깜깜하기는 했지만, '어딘가로 입사'만이 진로와 관련해서 가져볼 수 있는 거의 유일한 목표이던 나의 관점을 완전히 바꾸어준 시간이었다.

물론 그 시간은 실제로 '어딘가로 입사'하는 데까지 이어지기도 했다. 그때의 인연이 기회가 되어 미디어 스타트업에 투자하는 액셀러레이터에 입사하게 된 것이다. 앞에서 언급했던 내 첫 직장이기도 하다. 간단히 말하면 '좋은 팀을 찾아내 투자를 하고, 투자한 팀이 성장할 수 있도록 다방면에서 지원하는' 회사였다.

이곳에서 보낸 2년 6개월 동안 나는 훌륭한 서퍼거나, 또는 배에 타는 대신 장기적인 관점에서 서퍼로 살아남기를 선택하고 훈련 중인 인재들을 셀 수 없이 만났다. 대부분이 스타트업, 혹은 예비 창업가의 형태였다. 사업의 성공 여부를 떠나, 알바를 해도 그보다는 많을 것 같은 월급을 받고 있는 그들 대부분은 개개인으로 보면 최고의 인재들이었다. '어디에 들어갈 것인가', '누가 될 것인가'의 사고방식에 갇히는 대신, '무엇을 할 것인가', '무엇을 할 수 있는 사람이 될 것인가'를 좀 더 자유롭게 상상하고, 그 상상을 현실로 만들어내기 위한 유능함을 갖추고자 분투하고 있었다.

회사는 그야말로 '배'일 뿐임을

살아남기 위해 중요한 변화의 시작을 민감하게 캐치하고, 그 속에서 자신이 무엇을 할 수 있을지 기회를 엿보는 능력은 '좋은 회사'에 다닌다고 길러지는 게 아니다. 그 대가로 너무 많은 것을 요구하지만, 그럼에도 한번 갖추고 난 후에는 누구도 손댈 수 없는 '나의 것'이 되어 평생을 든든하게 뒷받침해준다.

좋은 회사에 입사하기 위한 노력이나, 그것이 주는 현실적인 가치, 회사에 다니며 그 안에서 치열하게 해내고 있는 이들의 일과 분투를 폄하하는 것이 아니다. 다만, 회사는 그야말로 나의 '배'일 뿐임을, 따라서 언젠가 이 배에서 내려야 함을 잊지 말자는 말을 하고 싶은 것뿐이다. 서퍼가 되기로 일찌감치 선택한 사람들을 더 특별하게 묘사하고 싶은 마음은 없다. 그들이 완전 별종이거나 전혀 다른 가치를 좇는 사람들인 것도 아니다. 그래야만 하는 현실적인 상황에 조금 일찍 처

했거나, 어떤 계기로 우연히 그렇게 되었을 뿐이다. 다만, 어떤 자리에서 무슨 일을 하는 사람이라도 언젠가는 서핑 보드를 집거나 자기만의 작은 배를 만들어야 한다는 사실을 강조하고 싶다.

우리가 할 일은 배 안에 얼마나 화려한 케이터링과 침대가 마련되어 있는지 보고 만족하고 요구하는 것이 아니다. 이 배 바깥에도 수많은 사람들이 수가지 방법으로 자기만의 항해를 하고 있음을 잊지 않는 것이다.

다은 님이 들려준 서퍼 이야기를 생각하면 할수록, 이것이 선택이나 선호의 문제라기보다는 엄연한 변화의 흐름처럼 느껴졌다. 어떤 시선으로 어떤 생존 방식을 택했는가에 따라서 바다의 불안정성이 누군가에게는 당연한 것이자 더 큰 기회로 보이는 한편, 누군가에게는 위협이고 불안으로 다가올 것이다.

그리고 우리가 속한 일의 세계는 육지에 뿌리내리고 살다가 어쩌다 바다에 가는 현실 세계와 달리, 한평생을 바다 위에서 보내며 파도의 상태에 따라 이리저리 자세를 바꿔야 하는 세계일 거라고 생각한다.

언젠가 배에서 내려야 하는 순간, 내가 타고 있던 배가 그럭저럭 괜찮은 배였다면 내리는 사람들이 죽지는 않도록 구명조끼나 보트 정도를 주기는 할 것이다. 하지만 그 역시 자유는커녕, 나의 힘으로 나를 온전히 책임질 수 없다는 점에서 좋은 대책이 될 수 없음은 마찬가지다.

바다 위에서 살아남는 단 하나의 옳은 방법이 있다고 말하려는 것은 아니다. 다만, 더 좋은 회사에 들어가는 것을 목표로 삼거나 동경하는 것 외에도 우리에게는 더 다양한 방법과 기술이 필요하다는 이야기를 하고 싶다. 어떤 시기에는 크고 튼튼한 배를 통해 힘을 비축하며 좀 더 빨리, 안전하게 갈 수도 있겠으나 우리 모두 언젠가는 배에서 내려야 하기 때문이다.

내가 탄 배가 "자, 너보다 더 유능하고 젊은 선원을 태워야 하니 이제는 내려주겠니?"라고 했을 때 그때서야 어딘지도 모르는 곳에 구명조끼 하나 들고 내릴 수는 없는 법이다. 우리에게는 그보다 좀 더 자유롭고 주체적으로 파도를 탈 방법이 필요하다.

기회는 언제, 어떤 모습으로
나타날지 모른다

가끔 우리는 인터넷상에서 소위 '대박 난' 작품들을 줄줄이 퇴짜 놓은 어느 배우에 관한 글을 읽는다.

'아니, 이걸 놓쳤단 말이야? 그러고 선택한 게 고작 그 작품이라고?'

유명한 배우가 거절한 작품에 우연히 캐스팅되었다가 영화가 대박 나 일약 스타덤에 오른 신인 배우에 대한 일화도 종종 들어봤을 것이다. 어떤 경우에는 무엇이 더 좋은 선택이었는지에 대한 의견이 갈려서 그걸 놓고 입씨름을 벌이기도 한다. 이를테면 배우 엠마 왓슨이 '미녀와 야수'에 출연하기 위해 영화 '라라랜드'를 고사한 것. 누군가는 그게 너무 아까운 선택이었다고 한 반면 누군가는 "당연히 '미녀와 야수' 아니야?"라고 했다. 각자 어떤 기준을 놓고 말하는가에 따라 무엇이 더 좋은 선택인지에 대한 의견은 달라진다.

그렇다면 배우들은 자신에게 권한이 주어졌을 때 어떤 기준으로 작품을 선택할까. 어떤 식으로 자신의 '인생 작품'을 알아보고 만나게 될까.

전혀 알려지지 않은 무명이었거나 늘 전형적인 이미지로만 읽히던 배우가, 어떤 작품을 통해 전혀 다른 세계로의 길을 개척하는 경우가 있다. 보통 그런 작품은 팬들 사이에서 그 배우의 인생 작품이라 불린다. 김민희라는 배우가 그렇다. 배우로서의 그는 영화 화차 이전과 이후가 전혀 다르게 평가된다. 화차에 출연하기 전 김민희는 패셔니스타 혹은 스타일 아이콘으로서의 이미지가 강했다. 그의 제1 자아를 영화배우로 바라보는 시각이 많지 않았다. 연기를 짧게 한 것도 아닌데, 고민이 많았을 거다. 그런 그가 사람들에게 '배우 김민희'로 각인된 계기가 바로 영화 '화차'인데, 이 영화와 그녀의 만남은 어떻게 이루어졌을까.

변영주 감독은 영화 '화차'의 여주인공 캐스팅이 유독 어려웠다고 했다. 엣지 있는 장면이 있기는 했지만 분량이 많은 것도 아니어서 시나리오들과는 돌리면서도 계속 고사를 당했다고. 그런데 김민희는 왜 '화차'를 선택했을까 궁금했다. 한 매체와 진행한 인터뷰에 그 답이 나와 있다.

"감독님이 나에게 '화차' 시나리오를 준 것에 대한 신뢰가 있었어요. 지금까지 봐왔던 시나리오와 장르와 캐릭터가 달랐죠. 지금까지 매체나 광고를 통해 만들어진 나를 보지 않고 깊이 관찰했다는 점에서 정말 기뻤고 함께 작업을 하고 싶다는 마음이 들었어요."•

그는 감독을 신뢰했다고 했지만, 동시에 자신에 대한 믿음도 강했던 것 같다. 매체나 광고를 통해 만들어진 이미지, 사람들이 자신에게 으레 기대하는 것 말고도 나에게는 무언가 다른 가능성이 있다는 믿음. 자기에 대한 믿음이 있는 사람만이 나를 믿어주는 타인을 만날 수 있는 법이다.

　　한편, 배우 전도연 역시 처음부터 사람들에게 '칸의 여왕'이 될 재목이라고 여겨지지는 않았던 것 같다. 영화 '접속'과 '해피엔드'를 만나기 전과 후, '밀양'을 만나기 전과 후의 전도연이 전혀 다르게 읽히듯, 배우들은 저마다 의미가 있는 어떤 작품을 만남과 동시에 그 전에는 상상할 수 없었던 방식으로 커리어를 풀어나가게 된다. 누가 언제, 어떻게 풀릴지, 어디에서 터질지 아무도 알 수 없다.

•　출처: 2012년 3월 15일자 〈조선일보〉

언제, 어떤 모습으로 나타날지 모른다

생각해보면 배우뿐만 아니라 모두의 인생이 그렇다. 배우의 경우 그가 쥔 기회와 가능성이 상대적으로 크고 드라마틱해 보이기 때문에 더욱 강조되어 보이는 것일 뿐, 그것이 오직 배우들만 겪는 일은 아닌 것이다. 우리에게도 저마다의 인생 작품이 있을 것이다. 그것이 우리의 커리어 패스 전체 중 언제, 어떤 모습으로 나타날지 모를 뿐이다.

지금 당장 우리가 할 수 있는 일은 이미 내린 선택을 최고의 선택으로 만들기 위해 치열하게 실행하는 것뿐이겠지만, 이왕이면 언제 어디서 나타날지 모르는 그 기회와 마주칠 가능성을 높이기 위해 대로변 외에 작게 난 골목길이나 구석에도 흥미를 가질 필요가 있다. 꼭 길이 난 대로만, 눈앞에 보이는 대로만 길을 갈 필요가 전혀 없는 것이다. 내 커리어가 어떻게 풀릴지는 아무도 모른다는 것을 기억하면, 나에게 보다 다양한 기회를 허락할 수 있게 된다.

　　여담이지만, 가끔 어떤 선택을 하기 전에 큰 실수를 하는 게 아닐까 두려워질 때면, 좋아하는 몇몇 배우의 필모그래피를 검색해본다. 세상에 완벽한 필모그래피를 가진 배우가 한둘 정도는 있을지 모르지만 대부분의 배우는 필모그래피에 '실패작' 혹은 '망작'이라고 부르는 작품 이름이 하나 이상 적혀 있다. 아무리 훌륭하고 좋은 배우라고 할지라도 말이다. 이 사실이 묘하게 위안이 된다. 우리는 많은 경우 타인의 삶의 클라이맥스만 기억한다. 그가 대로를 활보하기 전까지 거쳤거나 머물렀던 수많은 구석이나 골목길에는 별 관심이 없다. 하지만 어떤 유명 배우도 히트작으로만 자신의 필모그래피를 채우지는 못한다. 기회를 잡기 위해 꾸준히 역량을 키우고, 더 많은 것을 보여주기 위해 때로는 과감하게 선택을 하며 그 선택에 충실하는 과정에서 히트작도 나오고, 아쉬운 작품도 나오고, 인생 작품도 나오는 것이다.

모든 배우가 그렇듯 우리도 우리만의 필모그래피를 만들어나가고 있다. 좀 더 많은 가능성과 도전을 나에게 허락해주자. 나중에 돌이켜봤을 때 무엇이 나의 인생 작품으로 불릴지, 내 커리어가 어떻게 풀릴지는 아무도 모르는 거니까.

'욕망'은 우리를 움직이게 한다

일을 하다 보면 자신의 욕망을 구체적으로 이해하는 것이 중요하다는 말을 종종 듣는다. 그런데 사실 '욕망'이라는 단어는 왠지 모르게 입에 착 달라붙는 말은 아니다. 어쩐지 그 말을 할 때마다 내가 과하게 욕심을 부리거나 탐하는 것처럼 느껴지기도 한다.

실제로 욕망은 우리가 일상에서 자주 쓰는 단어가 아니고, 미디어에서 쓰일 때도 긍정적인 함의를 갖는 경우가 별로 없다. 많은 경우 욕망을 욕심 혹은 '나쁜 것'이라고 여기는 듯하다. 욕망이 불행을 만든다고.

나는 왜 이 욕망을 갖게 되었을까

하지만 정말 그런가? 오히려 마음속 깊은 곳에서는 원하는 것이 있는데 그게 뭔지 정확히 정의되지 않았을 때나, 속마음과 달리 아닌 척 스스로를 억압하는 것이 더 불행하거나 힘들지 않은가. 어떤 가치에 지나치게 매몰되어 거기에 끌려다닌다면 당연히 문제가 되겠지만 그는 모든 경우에 해당되는 말이지, 특별히 욕망이 나쁘다는 근거가 되지는 않는다.

사람이라면 누구에게나 특정한 욕망이 있기 마련이고, 욕망이 있기 때문에 우리는 노력하고 몰입하고 정진한다. 욕망이 나의 주인이 되는 것은 경계해야 하겠지만 내가 나의 욕망을 잘 이해하고, 왜 그러한 욕망을 갖는지 정확히 이해하고 있다면, 나에게 주어지는 기회와 도움을 더 현명하게 활용할 수 있을 것이다.

일을 하다 보면 좋은 선택을 내리기 위해 욕망에

대해 솔직해져야 하는 순간이 반드시 온다. 나와 타인 사이의 본질적인 차이를 만들어내고, 관성을 이기면서까지 무언가 추구하고 성취할 동력을 만들어주는 것은 욕구가 아니라 '욕망'이기 때문이다.

이를테면, 많은 사람들이 회사를 '돈 때문에' 다닌다고 말한다. 이 경우 사람들이 말하는 '돈'은 생계유지를 위한 것으로, 회사가 충족시켜주는 나의 가장 기본적인 욕구다. 생계를 해결하고 일상을 최소한으로 안정적으로 유지하고 싶은 것은 모두의 '욕구'이고, 회사가 주는 월급은 이를 가능하게 하는 수단이다. 그러나 이 욕구가 충족되는 것 이상으로 회사와 우리 사이에는 무언가 있다. 처음에는 오직 월급 때문에 시작한 회사생활이라 할지라도, 그를 지속하고 크고 작은 성취를 이루는 과정에서 저마다의 욕망이 피어나기 마련이다. 때로 그것은 향상심이고 때때로 동료들의 인정, 어떤 세계로의 진입 등이다.

나 같은 경우는 일에 대한 '향상심'이 강한 편이다. 향상심이란 향상되고 싶은 마음, 쉽게 말해 '계속해서 더 나아지고 싶은 마음'이다. 어떤 일이든 주어진 일을 '탁월하게' 잘해내고 싶은 마음이 유독 강하다. 이 사실을 어렴풋이 인지한 지는 꽤 되었던 것 같은데, 인정한 지는 생각보다 얼마 되지 않았다.

이를 인정하고 난 후로, 그동안 내가 일을 할 때 고려했던 여러 기준들이 하나의 일관성을 띠기 시작했다. 이를테면 '존경할 수 있는 뛰어난 동료', '성장하는 팀', '불필요한 스트레스가 적은 문화' 등은 그 자체로 내가 회사를 고르는 기준이기도 했지만 동시에 내가 일을 '탁월하게 잘하는 사람으로 성장'할 수 있는 환경의 하위 요소들이기도 했다. 첫 직장을 퇴사한 후 이직을 준비하는 과정에서 연봉이 더 높아도 끌리지 않는 팀이 있고, 내가 생각했던 마지노선 이하로 연봉을 낮춰야하는데도 이상하게 마음이 자꾸 끌리는 팀이 있었다.

이직은 단순히 계산기를 두드려 가장 좋은 조건을 제시하는 곳에 가는 것이 아니라, 앞으로 내가 어떤 사람으로 성장하고 싶은가를 결정하는 일이다. 따라서 당장의 연봉이나 회사의 규모, 인지도보다는 내가 어떤 환경에서 더 치열해질 수 있을 것인가, 어떻게 하면 더 '쫀쫀하게' 성장할 수 있을 것인가를 가장 중요하게 고려했던 것 같다.

해냈을 때 펼쳐질 최고의 장면

팀 페리스가 쓴 책 《지금 하지 않으면 언제 하겠는가》에는 유명한 심리학자 스티븐 핑커의 '살아갈 날이 많은 젊은이들에게 당부하는 말'이 실려 있는데, 그중 인상 깊었던 부분이 있다.

"'결실이나 보상이 있는 행동인지는 중요하지 않다. 중요한 것은 자신의 직관을 따르는 것이다.'라는 조언은 절대 무시하라. (중략) 사랑이니 헌신이니 하는 그럴듯한 명분으로 포장해놓은 마음의 더 깊은 곳에는 자신도 모르는 욕심이 자리하고 있는 경우가 많다. 차라리 어떤 일이나 행동에서 자신이 원하는 결실이나 보상이 뭔지 생각해보고 솔직히 인정하는 편이 낫다. 결실이나 보상도 없는데 어떤 행동을 지속적으로 하기란 힘들다."

자신이 무엇을, 왜 원하는지 잘 모르겠다면 지금 하고 있는 일을 가장 성공적으로 해냈을 때 어떤 식의 결실을 맺고 싶은지, 그 결실에 대한 보상이 무엇이었으면 좋겠는지 구체적으로 상상해보기를 추천한다. '돈'이나 '인정' 등의 추상적인 단어가 아니라, 내가 지금 손에 쥐고 있는 이 프로젝트를 끝내주게 해냈을 때 당장 눈앞에 그려지는 최고의 장면 말이다. 의외로 그건 돈이 아닐 수도 있다.

'받는 만큼 일한다'는 말의 함정

언젠가 대학 선후배들과 함께 한 자리에서 '회사 생활'과 '최선'이라는 키워드를 놓고 입씨름이 벌어졌다. 발단은 막 사회생활을 시작했던 후배의 질문이었다.

"회사에서 최선을 다할 필요가 있나요? 받는 만큼만 일하면 되는 거 아닌가요?"

안 그래도 회사에서 막 팀장 직급을 달고 팀원들 때문에 속을 썩던 한 선배가 즉시 발끈했다.

"야야, 그렇게 말할 수 있는 게 아니야. 그리고 받은 만큼만 일하고 싶은 마음이 드는 곳이 아니라 최선을 다하고 싶은 곳에서 일해야지. 너는 벌써 그러면 어떡하냐."

그러자 옆에 있던 다른 선배가 후배의 편을 들었다.

"근데 뭐 저 말이 대충 하겠다, 설렁설렁 하겠다 그런 얘기는 아니잖아. 꼭 있는 힘껏 사력을 다해서 회사에 충성할 필요씩이나 있냐는 건데, 사실 그럴 필요는 없지 뭐."

취기가 적당히 올랐던 시점이었으므로 그 후로도 몇 번의 실랑이가 오고 갔다. 나는 저 대화를 마주한 채 혼자서 생각에 잠겼다. 최선이란 뭘까. 회사에서 우리는 얼마만큼 최선을 다해야 하는 걸까.

우리는 로봇이 아니기 때문에, 후배의 말처럼 정

확히 '받는 만큼만' 일한다는 것은 불가능할 것이다. 원하는 만큼만 기여하고 기여한 만큼만 받는 문화가 합리적이라고 생각할 수는 있지만 그걸 받아들일 만큼 회사와 일하는 사람 양쪽 모두가 충분히 성숙했는지도 잘 모르겠다. 다만, 후배의 저 질문이 진짜로 가리키고 있는 것은 '대체 우리는 회사에 어디까지 주어야 하며, 어디까지 바랄 수 있는가'라고 생각한다. 일을 하다 보면 시기만 다를 뿐 누구나 한 번쯤은 마주하는 질문일 것이다.

중요한 것은 '최선을 다했는가'가 아니다

어려운 문제다. 받은 만큼 일하고 싶은 마음이 이기적인 것도 아니고, 그렇다고 최선을 다해 기여하고자 하는 마음이 마냥 더 숭고한 것도 아니다. 사실 따지고 보면 두 선배의 말 모두 맞다. 이왕이면 최선을 다하고 싶은 곳에서 일을 하는 것이 좋다. 하지만 그렇다고 해서, 아무리 그럴지언정 내 모든 에너지를 박박 긁어서까지 회사에 투입해야 하냐고 묻는다면 그건 잘 모르겠다. 우리가 선택한 일의 형태가 '회사에서 특정 포지션으로 업무를 하는 것'일 뿐이지, 궁극적으로 그 일은 회사를 위한 것이 아니라 나를 위한 것이어야 하기 때문이다.

나의 에너지를 적당히 여러 곳에 배분할 것인지, 특정 대상에 집중할 것인지 역시 온전히 나의 선택이다. 그걸 선택할 자유 혹은 권리가 주어진다면 어느 쪽도 완전히 옳거나 그르지는 않을 것이다. 더 나아가, '회사'와 나의 '최선'이란 크게 관련성이 높지 않을 수도 있겠다는 생각을 해본다. 회사에서 '나의 몫을 해내는 것'이 중요하지, 그 일에 '내가 최선을 다했는가, 아닌가'는 엄밀히 말해 크게 중요하지 않다. 내가 최선을 다했다고 생각하더라도 요구되는 목표를 달성하지 못했다면 그것은 문제다. 에너지를 아껴가며 적당히 했대도 목표를 충분히 달성했다면 그것은 문제가 아니다.

그러므로 우리가 물어야 할 것은 '회사에서 얼마만큼 최선을 다해야 할까?'가 아닐지도 모른다. 회사에서 나에게 요구하는 것을 문제없이 해내는 것은 '의무'이고, 그 후에 남는 에너지를 어디에 어떻게 쏟아부을지만이 우리가 '선택'할 수 있는 영역이다. 야속하지만 사실이 그렇다. 여기서 짚고 넘어가야 할 점은, 우리는 자신에게 얼마나 많은 에너지가 있는지 스스로 잘 모른다는 사실이다.

그런 의미에서 노력은 '얼마나'가 아니라 '어디에, 어떻게'의 관점으로 바라봐야 한다. 내가 얼마나 노력을 했는가, 얼마나 최선을 다했는가에 집착하는 것은 애석하게도 문제를 해결하거나 목표를 달성하는 데 큰 도움이 되지 않는다. 예를 들어 화초를 키울 때, 아무리 열심히 물을 주고 좋은 말을 해주어도 화초가 죽어버리는 경우가 있다. 사실 그 화초는 한 달에 한 번만 물을 주어야 하고 하루에 한두 번은 꼭 햇빛이 강한 곳에 30분 이상 놔두어야 하며 바람을 자주 맞을수록 튼튼해지는 성질의 화초였다. 그것을 모르고 무조건 '열심히' 물을 주고 좋은 말만 해주었으니, 내 입장에서 매우 노력했다고 해도 화초 입장에서는 필요하지도 바라지도 않은 노력이었던 것이다. 나는 나대로 억울하고, 화초는 화초대로 손해다.

한정된 에너지를 '어디에', '어떻게' 쏟을 것인가

회사 일도 마찬가지다. 무작정 '열심히', '최선을 다해서'가 아니라, 내게 요구되는 몫을 해내는 데에 집중해야 한다. 그러기 위해서는 어디에, 어떤 노력을 기울여야 할지 관찰하고 상의하고 또 학습해 계속 발전해 나가야 한다. 그 과정에서 효율과 노하우가 생기고, 자연히 남는 에너지가 생긴다. '레벨 업' 같은 거다. 기본 HP가 늘어나니, 이전에는 해치우기도 버거웠던 것을 제법 디테일까지 신경 쓸 수 있게 된다.

일의 효율을 높이고 목표를 달성한 후에 남는 에너지가 있다면 그를 어디에 투입할 것인가, 이때부터는 자유롭게 선택할 수 있다. 회사 내에서 역량과 업무 범위를 확장하는 데 투입할 수도 있을 것이고, 직급이나 프로젝트가 변화함에 따라 새로운 업무에 적응하는 데 에너지를 쓸 수도 있을 것이다. 반면, 아예 회사 밖의 활동이나 인간관계에 추가 에너지를 투입할 수도 있다.

따라서 우리는 '얼마나 많이 노력했는가'로부터 훨씬 더 자유로워지되, '나의 한정된 자원을 어디에, 어떻게 투입할 것인가'에 보다 신중해질 필요가 있다. 방향과 방법을 잘 선택했을 때 '열심히'도 의미가 생기기 때문이다. 목표에 맞는 정확한 노력이 최선이나 열심보다 우선한다. '최선'은 때때로 함정일 수 있다는 사실을 기억하자. 일단 내 몫을 제대로 해내는 것에 집중하고, 몫을 해낸 뒤 내게 남은 시간과 에너지가 얼마만큼인지 세어보자.

그것들은 온전히 당신의 것이다.

내 삶을 받치고 있는 여러 기둥들

나는 회사생활을 하며 여러 활동을 병행했다. 대표적인 예로 독서모임 스타트업 트레바리에서 모임 운영을 돕는 '파트너' 활동을 2년 남짓했는데, 많게는 한 시즌에 클럽 3개를 맡았던 적도 있었다. 회사 일에 지장을 주지 않는다면, 그 외의 시간을 어떻게 활용하든지 회사에서는 누구도 뭐라고 하지 않았다. 맨 처음 트레바리를 시작했던 것도 회사 대표님의 권유였다. 회사라는 우물에만 갇혀서 안주하거나 오만해지지 않기 위해서라도, 계속해서 세상에 열려 있으려는 노력을 해야 한다고, 외부로부터 주기적으로 자극과 영감을 받아야 한다고 말씀해주셨다. 내가 더 좋은 사람이 되는 데에 시간과 에너지를 투자하는 것을 회사 차원에서 적극 장려했던 셈이다.

실제로 회사 밖에서 벌인 '공연한' 일들로부터 얻은 영감과 활기는, 회사 안의 일을 바라보고 해석하는 데 더 유연하고 넓은 시각을 만들어주었다. '나'라는 주체를 통해 회사 안팎의 일들이 연결되고 또 서로 영향을 주고받았던 것이다. 회사 밖에서의 삶이 튼튼하고 풍요로울 때, 그것은 회사 안에서의 내가 우뚝 설 수 있는 데에도 도움을 주었다. 물론 이것은 그 반대의 경우로도 성립했다. 회사 안에서 치열하게 어떤 문제를 고민하는 사람에게는, 회사 밖에서 접하는 것들이 하나의 영감이자 문제 해결의 실마리로 보일 수 있는 것처럼 말이다.

사서 고생을 할 때는 다 이유가 있다

이 밖에도 기회가 될 때마다 매체에 기고를 하거나 청탁이 들어온 원고를 쓰는 일, 강연이나 행사 패널로 참여하는 일을 틈틈이 병행했다. 좋은 경험을 하고 나면 그때의 감상을 SNS나 블로그에 기록해두었다. 한번은 그걸 본 지인이 "그렇게 많은 일들을 한꺼번에 다 하면 힘들지 않아?"라고 물었다. 정말로 힘이 들지 않는지 걱정하는 마음이라기보다는, 회사 일은 제대로 하고 있냐는 뉘앙스가 담긴 다소 삐딱한 질문이었다. 그때 나는 그냥 웃었다. '아, 누군가에게는 이게 그렇게 보일 수도 있는 거구나.' 그때서야 깨달았기 때문이다. 서로의 외부 활동을 독려해주고 응원해주는 문화가 보편적인 건 아님을 그때 처음 알았다.

사실 지금 생각하면 그보다는 조금 더 정확하게 똑똑하게 대답해줄걸, 약간 후회가 되기도 한다. 조금 억울했던 것도 같다.

"퇴근하고 열심히 놀고 새벽까지 술 마시거나 날이 새도록 넷플릭스에서 네다섯 편씩 드라마 정주행하는 사람에게는 그런 질문을 하지 않잖아? 퇴근 후의 내 시간을 내 의지대로 쓰는 건 같은데 왜 유독 뭔가 더 능동적으로, 주체적으로 자기만의 일을 벌여보려고 하는 사람들은 그런 삐딱한 시선으로 바라보는 거지?"

그렇게까지 삐딱한 시선은 아니더라도, 회사만 다니기도 바쁘고 힘든데, 퇴근 후에 독서모임에 가거나 세미나를 하거나 행사에 참여하면 피곤하지 않냐는 순수한 질문은 참 많이 들었다. 솔직하게 대답하자면, 몸이 좀 피곤한 건 맞다. 하지만 그걸 상쇄할 만큼의 에너지를 얻을 수 있다. 내가 좋아서 하는 일, 혹은 내가 온전히 '나'일 수 있는 상황에서만 얻는 활력이 있기 때문이다.

순수하게 나의 의지에 따라 선택하고 결정한 것이기 때문에 그만큼 내가 주체적이고 자율적으로 무언가 해볼 여지가 크고, 그 과정에서 느끼는 효능감이나 기쁨은, 가까운 지인들과 좋은 대화를 하며 맛있는 것을 먹고 마시는 시간 못지않게 큰 위안이자 삶의 활력이 된다. 누가 시키지도 않았는데 많은 이들이 스스로 '사서 고생'을 할 때는 그 이유가 있는 거라고, 해본 사람은 알겠지 하는 심정으로 나는 그저 씨익 웃고 만다.

소소한 '열심'과 '우연'이 낳은 연쇄 작용

아, 물론 운동도 열심히 하게 된다. 내가 지켜내고 싶은 것들, 지속하고 싶은 일들이 많아질수록 체력을 보살펴야 할 필요를 더 강하게 느끼게 되기 때문이다. 그래서 요즘은 누군가 "그렇게 이것저것 많이 하면 안 피곤하세요?" 하고 물어오면 당당하게, 그리고 명쾌하게 답한다. "네! 안 피곤해요. 몸도 마음도 더 좋아요."

또 대단히 애를 쓰거나 의식적으로 어떤 목적을

갖고 많은 일을 벌였다기보다는, 좋아하는 일을 열심히 하다 보니 다른 기회가 생기고, 그 기회를 잡아서 또 열심히 하다 보니 다른 기회가 생기는 것뿐이다. 소소한 '열심'과 '우연'이 낳은 연쇄 작용이랄까. 그 과정이 참거나 버티는 시간이 아니라, 내 안에 있는 또 다른 나를 발견하기도 하고 발견한 나를 새롭게 써먹기도 하는 시간들이어서 더 즐거웠는지도 모른다.

실제로 회사에 다니며 업무 강도와 별개로 일상에 무료함을 느끼거나 어딘지 모르게 공허하고 피로하다고 털어놓는 친구들이 많다. 나는 그럴 때면, 삶을 좀더 촘촘하게 채우는 방법의 일환으로, 내가 주인이 될 수 있는 시간을 새롭게 만들어보라고 추천한다. 회사에서 주어진 일 외에 자원해서 맡는 새로운 관심 프로젝트일 수도 있고, 회사 밖에서 새롭게 시도하는 나만의 사이드 프로젝트일 수도 있다. 친구들과 어렸을 때부터 꿈만 꾸던 가게를 내보거나, 퇴근 후 정기적으로 시간을 내서 글을 쓰고 신춘문예에 응모하는 일일 수도 있다. 전자책 리더기를 사서 새로운 책을 읽고 인스타그램에 글을 써보는 작은 시도일 수도 있고 말이다.

여러 기둥에 내 에너지를 배분하는 것이 많은 이들이 생각하는 것처럼 회사에서 '대충대충' 일하거나, '마음이 콩밭에 가 있는 것'은 아니다. 그런 표현들이 사용되는 맥락을 보면, 우리 사회가 은연중에 회사 밖에서 자기만의 일을 벌이는 사람들을 어떻게 보고 있었는지를 보여준다.

그러나 상황이 바뀌었다. 어떤 것도 우리의 커리어나 삶을 책임져주지 않는 시대에 내가 나의 자리를 만들고 넓히기 위해 애쓰는 여러 시도들은 지금보다 더 긍정적으로 평가받을 필요가 있다. 내 삶의 에너지를 어떻게 분배하고 쓸 것인가의 문제인 것이다. 누구에게나 자신의 삶을 받치고 있는 여러 기둥이 있다.

일을 둘러싸고 있는 내 삶, 나의 일상을 구성하고

있는 여러 기둥들을 함께 바라볼 때 그 안에서 내가 하는 일이 나에게 어떤 의미를 갖는지, 나는 무엇을, 왜 바라는 사람인지를 좀 더 힘 있게 상상해볼 수 있다.

오직 '나'를 위해 일하는 첫 번째 세대

조너선 레이먼드는 《좋은 권위》에서 밀레니얼 세대를 가르켜 "기업이 제공하는 보상이 어떤 의미인지 꿰뚫어보는 세대"라고 표현했다. 그는 밀레니얼 세대가 리더의 권위가 아니라 자신의 권위를 위해 일한다고도 썼는데, 생각해보면 참 맞는 말이다. 적어도 나는 그랬다.

예를 들어 나는 회사를 대상으로 한 번도 '충성'이라는 감정을 느낀 적이 없다. 회사가 추구하는 방향성에 공감하고, 회사에서 일하는 시간을 정말 좋아했음에도 그렇다. 오히려 회사에 적응하고 업무에 익숙해질수록, 이 회사에 다니는 것이 나의 발전과 성장에 어떤 도움이 되는가를 비판적으로 질문하려고 의식적으로 노력했다. 내가 회사에 얼마만큼 기여하고 있는지 역시 자주 성찰했다.

영원히 좋은 회사는 없다. 회사가 아무리 좋더라도 이곳에 영원히 머물겠다는 생각은 위험하다. 그런 생각을 하며 회사에 다니는 사람일수록 회사의 성장이 둔화되고 경쟁이 심해지면 가장 먼저 자리를 비워야 할지 모른다. 한번 소속되면 영원히 가는 관계가 아니라, 서로가 서로의 성장에 충분히 기여하고 있는지를 주기적으로 점검하며 관계를 업데이트해나가는 것이 이상적이라고 생각한다.

좋은 회사만 들어가면 땡인 시대는 끝났다

회사에 다니며 느끼는 소속감이나 안정감은 무척

달콤하다. 가끔은 조금 릴랙스 하며 살고 싶지만, 장기적으로 생각했을 때 '컴포트 존'에 머무는 시간이 길어질수록 성장하는 속도는 느려지고 변화를 두려워하는 사람이 되는 것은 부정할 수 없는 사실인 것 같다.

회사는 나의 무엇도 책임져주지 않는다. 따라서 회사에서 일을 하며 내가 회사에서 열심히 일하는 이유가 무엇인지, 이렇게 치열하게 일하면서 나는 무엇을 얻거나 쌓고 있는지, 이 업무를 통해 기르는 나의 역량은 회사라는 계급장을 뗀 후에도 내게 남아 있을 것인지 등을 계속해서 따져 물어야 한다.

'좋은 회사'에 들어가서 열심히 일하기만 하면, 회사가 나를 위한 장기적인 플랜을 마련해줄 거라고 기대하던 시대는 진즉에 지나갔다. 이런 환경에서는, 회사와 나의 관계가 갖는 가치를 현실적으로 이해하고, 어떤 상황에서도 '나'를 최우선에 놓고 판단하여 실행하는 것이 이기적이거나 계산적인 게 아니라 오히려 더 책임감 있는 행동이다.

이런 태도가 비단 밀레니얼만의 것이 될 필요는 없다. 나이가 비슷하다고 위에 언급한 관점에 모두가 동의하는 것도 아니다. 각자 일하는 분야나 소속된 회사의 특성에 따라, 때로는 자신이 중요하게 여기는 가치에 따라 회사에 대한 마음가짐이나 커리어 패스를 바라보는 시각은 다 다를 수밖에 없다.

그러나 기본적으로, 일하는 순간순간마다 '나'를 위하는 마음을 첫 번째에 올려두지 않고서는 일하는 의미와 보람을 느끼기가 이전 세대에 비해 훨씬 힘들어진 것만은 사실이다. 가장 단적인 변화로, 일을 통해 얻게 되는 평균적인 결과의 파이 자체가 크게 줄어들었다는 점을 꼽을 수 있다.

예를 들어 "머슴을 해도 큰 집 머슴이 낫다."거나 "참고 다녀라."라는 메시지는 내가 대학생일 때까지만 해도 현실적인 커리어 조언이라는 이름을 달고 인터넷에 떠돌아다니곤 했다. 물론, 아예 틀린 말은 아닐지도 모른다. 무조건 사표를 던지기보다는 일단 참으며 좀 더 합리적으로 다음 스텝을 준비하거나, 어차피 힘들게 일할 거라면 좀 더 복지와 급여가 좋은 대기업에서 일하는 게 나을 수도 있다는, 그런 말들이 보여주는 현실도 있기 때문이다.

그러나 저 말이 통용되던 시절과 지금은 다르다. 그 근본적인 차이를 이해할 필요가 있다. 부모님 세대는 안정된 직장에 들어가 오래도록 회사에 다니며 차곡차곡 돈을 모아 집을 사고 차도 샀다. 아이들 대학도 보내고, 자식들을 다 키워 결혼 시킬 때까지 회사는 든든한 울타리가 되어주었다. 맞벌이가 아니라 외벌이를 하면서도 이게 가능하던 시절이 있었다. 이 세대가 떠올리는 일과 회사와, 우리 세대가 떠올리는 일과 회사는 다를 수밖에 없다. 전자에게 회사는 많은 경우, 집도 절도 없던 내가 어엿하게 자리 잡고 살게 해준 고맙고 절대적인 존재였을 것이다.

그러나 이제는 어떤가. 더 이상 회사는 나의 집과
차는커녕 10년 후조차 책임져주지 못한다. 과도기인
만큼 분야에 따라 속도의 차이는 있겠지만, 하나의 회
사가 개인의 삶, 전체 커리어 패스에서 이전만큼의 권
위 혹은 영향력을 갖지 못한다는 점은 의심할 여지가
없다.

훨씬 다양한 '골목길'이 존재한다

과거에는 인재들조차 회사를 옮기거나 회사에 소
속되지 않은 삶을 사는 것을 두려워했지만, 요즘은 인재
가 아닌 평범한 사원들도 더 나은 선택지는 무엇일지에
대해 훨씬 더 과감하게, 수시로 생각 한다. 커리어 패스
를 중요하게 생각하는 사람은 이직이나 사업, 부업 등으
로 자기만의 일을 만들고 자리를 넓히려 하고, 더 이상

일을 위해 참고 헌신하기만 하는 것이 답이 아니라고 느끼는 이들은 적극적으로 에너지를 내서 취미 활동을 하고 사이드 프로젝트를 시도한다.

이제 '일' 하면 너무 많이 나오는 예라서 조금 식상할 수 있지만, 독일의 정치철학자 한나 아렌트는 활동적 삶을 노동, 작업, 행위 세 요소로 나눠 설명했다. 과거에는 우리가 일을 대하는 관점이 최소한의 생계유지를 위한 노동labor의 영역에 한정되어 있었다. 그러나 이제는 노동과 작업work을 병행하는 것에 거침이 없고, 나 이외의 다른 사람과 상호작용하고 관계를 맺음으로써 삶의 의미를 획득하는 행위action에 많은 사람들이 적극적으로 참여하고 있다. 예전에는 예술가나 일부 프리랜서만이 자신의 작업을 통한 상호작용을 의식적으로 수행했다면 이제는 많은 젊은 세대가 직장에서의 일과 별개로 '자기 작업'을 갖고 발전시킬 수 있는 방법을 진지하게 고민하고 탐구한다.

노동의 가치가 줄었거나 젊은 세대가 노동을 중요하지 않게 여기는 것이 아니다. 다만 노동만으로 물질적, 정서적 자원을 풍족하게 채우기가 힘든 시대가 되었고, 그에 따라 자연스레 일이라는 범주 내에서 노동과 작업, 행위가 균형을 이루는 방향을 추구하게 되는 것이다.

일이 집도, 차도, 무엇도 보장해주지 않는 시대에서 이처럼 과정에서의 의미와 즐거움을 적극적으로 추구하는 일만이 건강하게, 오래, 나답게 살 수 있도록 해준다. 우리는 어쩌면 그런 의미에서 오직 '나'를 위해 일하는, 일해야 하는 첫 번째 세대일지도 모른다. '나'를 위하지 않고서는 일하는 의미와 보람을 느끼기가 이전 세대에 비해 훨씬 더 힘들어졌기 때문이다.

회사에서 인정받고 성과를 내는 것을 커리어 면에서 성공가도를 타는 유일한 '정도'처럼 여기던 과거와 달리, 지금은 각자가 일을 통해 얻고자 하는 것에 따라, 일을 할 때 중요하게 여기는 가치에 따라 훨씬 다양한 '골목길'을 선택해서 자기만의 경로를 짜볼 수 있는 환경이 마련됐다. 그러지 않고서는 일하는 이유, 의미를 스스로 찾아내기 힘들어지기도 했다.

어떻게 살아남아 계속 일할 수 있을지, 무엇으로 나의 전문성을 발휘할 수 있을지 예측하기가 점점 어려워지는 환경이다. 무엇도 확실하지 않은 상황에서 올지 안 올지도 모를 미래에 너무 많은 것을 기대하거나 걸 수는 없다. '일' 그 자체에 재미와 의미를 느낄 필요가 훨씬 더 커진 이유다. 젊은 세대가 특별히 더 이기적이거나 까다로워서가 아니라, 그러지 않으면 왜 일을 하는가에 대한 답을 찾기 더욱 힘들어졌기 때문이다.

'딱 한 달 먹고살고 약간의 돈을 저축할 정도만큼의 돈을 벌기 위해서'만 일한다고 하기에 우리는 일에 너무 많은 것을 투입하고 있지 않은가. 그러므로 우리도 일에서 그만큼 많은 것을 얻으려 하는 건 본능적인 일이고 당연한 태도다. 사이드 프로젝트나 부업을 시도하는 직장인이 부쩍 늘고, 이왕이면 더 많은 가능성과 옵션을 계속해서 열어두고자 하는 마음도 이러한 배경에서 우러나오는 것이리라.

회사가 그 과정에서 예전 같은 권위나 영향력을 발휘할 수 없어지는 것은 자연스러운 흐름이다. 회사는 더 이상 10년 후, 30년 후의 무엇도 책임져줄 수 없지만, 함께하는 이 순간 서로에게 최고의 결과를 가져다줄 수 있는 관계를 만든다면 그것이야말로 오히려 변화에 걸맞은, 새롭고 현명한 파트너십일 것이다.

일과 내가 불화하지 않는 법

어느 토요일 낮, 합정동 카페에서 몇몇 분들을 만났다. 각기 다른 분야에 종사하고 있는 다양한 연차의 직장인들이었는데, 일과 관련해 요즘 어떤 고민을 하고 있는지 여쭙고 도움을 얻기 위해 마련한 자리였다.

"황금 같은 토요일 아침인데, 여기까지 왜 오셨나요?"라는 질문에 대한 대답 중 유독 기억에 남는 것이 있다. 스타트업에서 마케터로 일하고 계신 나동주 님의 대답이었다.

"평생 직장은 없어졌지만 일은 죽을 때까지 해야 할 거잖아요. 일과 내가 불화하지 않고 좋은 관계를 맺으며 살 수 있는 방법이 궁금했어요. 다른 분들은 어떤 생각을 하고 계신지 듣고 싶어서 왔어요."

'일과 내가 불화하지 않는 법'이라는 표현이 인상적이었다. 그 말을 듣고 보니, 새삼 우리가 일을 하며 고민하거나 애쓰는 대부분의 이유가 결국은 일과 불화하지 않으면서 원하는 것을 얻기 위해서가 아닐까 하는 생각이 들었다. 미래는 예측할 수 없기 때문에 너무 고민하지 말고 주어진 오늘에 최선을 다하자는 게 평소 나의 모토지만, 그럼에도 커리어에 대해서는 장기적인 관점으로 고민할 수밖에 없다고 생각한다.

연차는 그냥 쌓이지만 경쟁력은 아니다

지금의 나는 젊고(=체력과 에너지가 많고) 건강하며

한창 일을 배우며 성장하는 시기인 동시에 연봉은 적다. 성취해낸 결과물보다는 가능성까지 더해서 후하게 평가받을 가능성이 높은 시기고, 상대적으로 지켜야 할 것이 크게 많지 않은 자리에 있다. 경험과 경력이 없어 서럽고 힘든 순간도 있지만, 가진 것이나 얽매여 있는 것이 없기에 그만큼 자유롭고 유연할 수 있는 시기이기도 하다.

점점 연차와 경력이 쌓이고, 조직에서 맡는 권한과 책임은 늘어날 것이다. 지켜야 할 것이 많아지고 그를 위해 지불해야 하는 비용의 기본 단위는 점점 커질 것이다. 그런데 내 노동력의 가치나 전문성이 그만큼 따라주지 않는다면? 지금 내가 믿고 있는 것이 '나' 아닌 다른 무엇일수록, 내가 감당해야 할 무게가 점점 더 무겁고 버겁게 다가올 것이다.

과거의 부모님 세대도 이런 고민을 했을까? 언제부터 했을까? 은퇴 혹은 정년퇴직이라는 개념이 점점 모호해지는 시대에서 언제부터 이런 고민을 해야 하고, 언제까지는 안 해도 된다는 법칙이 정해져 있지는 않을 것이다. 기성세대가 우리 나이일 때 어떤 고민을 했는지는 자세히 알 길이 없으나, 지금의 젊은 세대는 사회에 첫발을 내딛는 순간부터 본능적으로 위기의식이 깃든 고민을 시작하고, 어쩌면 사회생활을 하는 내내 이러한 종류의 고민과 함께인 것 같다. 그러나 그만큼 틈도, 기회도 많은 시절이기에 나의 고민과 선택, 경험에 따라 많은 것이 달라질 수 있는 가능성도 열려 있다. 꼭 물질적인 보상의 크기를 떠나, 일하는 사람으로서 효능감을 느낄 수 있는 여러 방식들이 개발되고 있기 때문이다.

연차나 경력 같은 것은 시간이 흐르면 누구에게나 쌓이는 것이지만, 지속적으로 유능하고 유연한 사람으로 경쟁력을 갖추는 것은 내가 부단히 노력하고 의식해야만 가능한 일이다. 회사에서 주어진 일만 잘 해낸다고 쌓이는 능력도 아니다. 회사에서 주어진 일을 잘 해내는 동시에 자신이 가진 역량이 어디에서 어떻게 발휘될 수 있을지 꾸준히 고민하고, 때로는 위험부담이 따르더라도 내 직무 역량을 늘리고 변화의 흐름에 타기 위해 주기적으로 과감한 실험이나 도전을 해볼 필요가 있다.

내가 선택할 수 있는 옵션이 있는가

일과 내가 경쟁할 필요는 없지만, 내가 일의 주인이 될 필요는 있다. 보다 자유롭고 주체적으로 일하기 위해서라도 말이다. 일과 불화하지 않으면서 평생 일할 수 있는 방법을 궁금해하는 이유는 우리는 평생 젊지 않고 늘 건강할 수 없으며, 언제까지 이렇게 일할 수 있을지 모르기 때문이리라. 일해서 번 돈으로 생계를 유지하고 생활을 영위하는 대부분의 우리 세대에게 '일과 내가 불화하지 않는 법'은 수학 문제처럼 하나의 답이 정해져 있는 것은 아니다. 앞으로도 꽤 중요하고 근본적인 화두로 우리 삶을 졸졸 따라다니겠지.

책에서도 이에 대해 명쾌한 해답을 내놓을 수는 없겠지만, 제안해보고 싶은 아이디어는 있다.

일과 내가 좀 더 평등하고 원활하게 관계 맺기 위해서는 각자에게 서로가 아닌 대체재가 있어야 한다. 일 말고도 내 삶을 풍요롭게 하는 요소들을 든든히 갖춰놓아야 한다는 것이 첫 번째고, 지금 다니는 이 회사 외에도 일과 관련해 내가 선택할 수 있는 옵션이 존재해야 한다는 것이 두 번째다.

협상을 할 때 대안이 없는 쪽이 약자가 되는 것은 기본 원리 아닌가. 지금 다니는 회사 외에는 답이 없다고 생각하는 사람보다는, 이 회사가 아니어도 갈 곳이 있지만, 이유가 있어 지금의 회사를 다니고 있는 사람이 좀 더 능동적으로 회사생활을 할 수 있다. 회사를 다니는 것 외에는 먹고사는 방법을 알지 못하는 사람보다는, 회사 밖에서도 나의 자리를 만들 수 있거나 만들어 본 경험이 있지만 어떤 이유로 인해서 회사생활을 하기로 선택한 사람이 좀 더 주체적이고 합리적인 태도로 회사생활을 할 것이다.

선택의 문제라기보다는 자연스러운 변화의 흐름이라고 생각한다. 다만 일이나 상황이 닥친 후에 고민을 시작하기보다 내가 먼저 주체적으로 이 변화에 어떻게 대응할 것인지, 나는 어떤 포지션을 취할 수 있을지 고민하는 것이 훨씬 더 시간을 버는 길 아닐까?

우리에겐 '딴짓'할 권리가 있다

개인적으로 사이드 프로젝트보다는 '딴짓'이라는 표현을 좋아한다.

사람마다 받아들이는 맥락은 다를 수 있지만, 내게 '사이드 프로젝트'라는 말은 어딘지 거창해 보이고, 그럴듯하게 들린다. 그런데 이런 '거창함'이, 도리어 당장 부담 없이 시작해보려는 사람들에게 일종의 심리적인 허들로 작용할 수도 있겠다는 생각이 든다. 그래서, '딴짓'이라는 말랑말랑하고 별것 없어 보이는 이름이야말로, 많은 사람들이 회사가 아닌 '나'를 중심으로 하는 일의 구조를 짜길 바라는 취지에 더 어울린다고 생각한다.

'나다움'에 무게를 더해준 선택지들

'딴짓'이라니! 생각해보면 어릴 때부터 우리는 "딴짓 좀 하지 말아라."라는 말을 참 많이 듣고 살아왔다. 돌이켜보면 어른들이 하지 말라던 딴짓이란 대체로 너무나 재미있고 시간 가는 줄 몰라서, 시키는 사람은 없고 말리는 사람만 있는데도 굳이 꾸중을 무릅쓰면서까지 하고 싶었던 것들이었다. 대체 어른들은 왜 딴짓을 못 하게 한 걸까? 크고 나서도 별것 없는데 말이다. 과거로 돌아간다면 뭘 하겠냐는 질문에 "더 실컷 놀고 싶어요."라고 답하는 사람들이 많은 것만 봐도 우리 사회의 '딴짓 부족 증상'이 얼마나 심한지 알 수 있다.

심지어 사람마다 시간과 자유가 주어졌을 때 눈

길이 가는 딴짓의 종류가 다르기 때문에, 그로부터 자신의 성향이나 관심사, 혹은 '떡잎'을 알아볼 수 있다.

그렇다면 어린 시절의 나, 학창 시절의 나는 주로 어떤 딴짓을 많이 했던가. 희미한 기억을 더듬어보았다. 나는 초등학생 때 판타지 소설에 빠져 시험공부도 하지 않고 밤을 새며 책을 읽었다. 웬만해선 내 행동에 토를 달지 않던 엄마마저 한번은 그런 날 말리려고 김치냉장고에 책을 숨겨둔 적도 있었다.

중·고등학생이 되고 나서는 글 쓰는 게 그렇게 재미있었다. 어딘가에 제출해야 하는, 마감이 정해진 글 말고 '엄한 글' 말이다. 중학생 때는 한 정치인의 자서전을 읽고 포털 사이트 게시판에 비판하는 글을 올렸다가 포털 메인에 떠서 100개가 넘는 악플에 일일이 답글을 달아가며 싸우기도 했다. 아마도 나는 그 과정에서 내가 쓴 글이 긍정적이든, 부정적이든 반향을 일으키는 것의 재미에 눈을 뜬 것 같다. 그 이후부터 꾸준히 콘텐츠를 만들고 사람들의 반응을 볼 수 있는 직업을 열망해왔기 때문이다.

대학에 가서는 친구와 만든 페이스북 페이지가 단기간에 많은 팔로워를 얻으면서 영 체질에 안 맞던 시험공부는 뒷전으로 하고 페이지 운영에 열을 올렸다. 처음 시작할 때만 해도 파워포인트를 이용해 조악하게 만들었던 카드뉴스가 반응을 얻을 수 있을까 싶었는데, 사람들이 반응을 보이고 페이지 규모가 생각보다 커지기 시작하면서 '어라, 이게 되네?' 같은 자신감을 얻기 시작했다.

집회에 나갔다가 우연히 본 마당극에 흥미를 느껴 친구와 탈춤 동아리를 만들기도 했는데, 이때쯤부터는 주위 사람들 중에 내 앞날을 걱정하는 사람들이 슬슬 생겨나기 시작했다. 대개 "그래, 너 하는 거 다 좋은데 취업 준비는 언제 할 거야? 딴짓은 그만할 때도 되지 않았니?" 같은 반응들이었다.

하지만 지인들의 걱정과 달리 그런 경험들이야말로 '나다움'에 무게를 더해준 선택지들이었다. 사람들이 좀처럼 관심 갖지 않는 것에 관심 갖는 나를 발견할 때, 아무도 시키지 않은 일인데도 혼자 신이 나서 몇 날 며칠을 붙들고 있을 때, 힘 빼고 가볍게 시작한 일이 생각보다 잘 굴러가면서 자신감을 얻었을 때. 이런 순간들이야말로 '나다운 게 뭘까?'라는 추상적이지만 어려운 질문에 대한 나의 답을 써 내려가는 데 결정적인 도움이 되었다.

취업 준비를 1, 2년 늦게 하는 것은 지나고 보면 대수가 아니지만, 그런 질문에 대한 답을 찾는 기회를 갖는 것은 평생을 통틀어도 쉽지 않은 일이니, 계산기를 두드려봐도 이득인 셈이다.

딴짓이 가져오는 엄청난 '활력'

하지만 그런 나조차도 대학을 졸업하고 일을 시작하면서 점점 딴짓하기가 팍팍해짐을 느꼈다. 기본적으로 아이디어나 영감이 떠올라도 그를 실행할 수 있는 동력을 내 안에서, 주위에서 끌어오기가 예전처럼 만만치 않았기 때문이다.

그래서 가끔은 피곤하다는 핑계로, 대부분은 바쁘다는 핑계로 내가 손대볼 수 있었던 수많은 딴짓의 기회와 가능성을 내 발로 뻥뻥 걷어찼다.

그러다 우연히 '왈' 팀을 만났다. 왈 팀은 내 이전 직장에서 투자를 했던 미디어 스타트업으로, 당시 "출근길 사람들의 표정을 밝게 바꾼다."는 미션으로 아침에 들을 수 있는 오디오 콘텐츠를 만들고 있었다(지금은 남산 소월로 인근에서 '왈이의 마음단련장'을 운영 중이다.). 내가 일했던 곳은 투자를 한 스타트업에 6개월 동안 무상으로 업무 공간을 제공했는데, 따라서 왈 팀과 우리는 모두 한 공간에서 함께 일하고 있었다. 더군다나 왈 팀은 내가 앉은 테이블의 바로 뒷자리였던지라, 팀이 일하는 모습을 어느 누구보다 가까이서 지켜볼 수 있었다.

내가 몇 달 동안 가까이서 지켜본 왈 팀은 그야말로 '딴짓의 대가'들이었다. 아, 일을 열심히 하지 않았다는 것이 아니다. 단순히 '딴짓의 대가'라고 하기엔 오해의 소지가 있으니, 일도 치열하게, 농담도 치열하게, 딴짓도 (단체로) 치열하게 하는 팀이었다는 설명이 더 정확하겠다.

이를테면 왈 팀은 "아침 출근길 사람들의 표정이 너무나 어둡다. 이 표정을 밝게 바꾸고 싶다."는 미션을 추구하던 팀답게, 한 달에 한 번 아침마다 코워킹 스페이스에 입주한 팀들을 대상으로 '마로니에 커피클럽'이라는 이벤트를 열기 시작했다. 아침 8시가 넘어 시작하는 이 이벤트에서는 서로의 마음을 묻고 준비해온 시를 읽고, 버리고 싶은 고민을 종이에 적어 구긴 뒤 휴지통에 버린다. 그 후에는 가뿐한 표정, 마음으로 하루 일과를 시작하면 된다.

이 가볍고 유쾌한 '딴짓'이 얼마나 많은 사람들의 마음에 물을 주었는지 모른다. 왈 팀의 딴짓이 주는 수많은 재미에 사람들은 모두 왈 팀의 진성 팬이자 든든한 동료가 되었다. 어느 날은 마로니에 커피클럽이 끝나고 해산하기 전, 누군가 "우리 공연한 일들 많이 벌이며 삽시다."라고 말했다. 우리는 모두 그러자 했다. 결국은 이 공연한 일들을 통해 우리가 좀 더 일하는 의미, 사는 의미를 찾을 수 있을 것임을 그 자리에 있던 모두가 어렴풋이 느끼고 있었기 때문이다.

공연히 벌이는 딴짓은 이처럼 활력을 준다. 누가 시키지도 않는데, 돈이 되지도 않는데, 그럼에도 '굳이' 벌이는 일인 만큼 그 중심에 나 자신이 오롯이 존재하게 되기 때문이다. 사람들이 벌이는 딴짓을 가만히 살

펴보면 모두 그 사람을 정말 많이 닮았다. 다 자기 같은 딴짓만 벌이는 것이다.

이처럼 딴짓이 주는 활력을 품은 채로 돌진하는 사람은 더 오래, 건강하게 달릴 수 있다. 에너지가 분산되고, 두 배 세 배 일을 벌여 피곤하고 지치는 것이 아니라, '내 가능성이 어디서 터질지 모르는' 불확실한 상황에서 나 자신에게 더 많은 가능성과 상상력을 허락하는 일이다.

회사 밖에서 나만의 프로젝트를 준비하고 해내는 일이 너무 부담스럽게 느껴진다면, 내가 뭘 좋아하는지, 뭘 할 수 있을지 모르겠다면, 그냥 '딴짓'을 최대한 많이 해보자고 결심해보자. 꼭 뭔가를 위해, 일에 도움이 되기 위해, 학원을 다니거나 운동을 등록하거나 세미나에 참여하는 것이 아니라 당장 이게 어떤 도움이 될지 알 수 없지만 이상하게 마음이 가고 관심이 생기는 무엇에 손을 뻗어보자. 이미 꽤 많은 사람들이 그렇게 시작했다.

일단 시작하고 나면, 아마 상황이 당신을 그다음
으로 데려갈 것이다.

세상이 정해준 대로만
일할 필요는 없다

PART 02

무엇을 포기할지 정하는 일이
가장 먼저다

책을 구상하고 이야기를 풀어나가면서 너무 개인적인 생각과 경험들이 아닐까 고민이 깊어졌다. 단언하거나 확신하기에는 아직 나의 경험이 부족할뿐더러 나 역시 2년 후, 5년 후에는 생각이 어떻게 달라졌을지 모른다는 걱정 때문에 처음에는 나의 경험이나 생각을 '책'으로 써낸다는 사실이 두려웠던 것 같다.

그런 두려움을 극복하고 계속해서 이야기를 앞으로 끌고 나아갈 수 있었던 이유는, 팔 할이 이제부터 등장하는 분들 덕분이다. 일면식도 없이 이번 프로젝트를 통해 처음 알게 된 분부터 꽤 오래 함께 일했던 동료까지 다양한 분들이 선뜻 자신의 경험과 관점을 나눠주신 덕분에, 앞선 챕터에서 밝힌 나의 개인적인 경험과 생각들 또한 생명력을 얻을 수 있었다.

사실 따지고 보면 이 책의 메시지는 아주 소소하고 간결하다. 어떤 것도 예측할 수 없는 시대에, 계속해서 내가 할 수 있는 일을 마련하고 나의 자리를 다지기 위해서는 회사 중심으로 커리어를 바라보는 관점에서 벗어나야 한다는 것. 회사와 내가 오래도록 건강하고 좋은 관계를 유지하는 것은 오히려 회사 없이도 자립할 수 있는 힘이 내게 있을 때, 장기적인 대안이 내 안에 있을 때 가능하다는 것. 누구도 처음부터 홈런을 칠 수는 없으니 회사에 다니면서 '나만이 할 수 있거나 내가 정말 즐겁게 오래할 수 있는 것'을 찾는 시도를 꾸준히 하자는 것.

이 책에서는 변화하는 시대 흐름 속 커리어와 관련된 거창한 조언을 제시하거나, 설득력 있는 단 하나의 강력한 메시지를 던지지 않는다. 따라서 그런 것을 기대했을 누군가에게는 이 책이 다소 싱겁게 느껴질 수 있을 것이다. 하지만 이 책을 하나의 뷔페로, 그리고 이 파트에 담긴 다양한 사례와 관점을 하나하나의 요리라고 봤을 때, 현명한 독자들이라면 자기의 상황이나 스타일에 따라 메시지와 사례를 취사선택하고, 자신의 일상에 똑똑하게 적용하리라 믿는다.

얻는 것과 포기한 것이 명확한 선택

회사 일과 회사 바깥의 일을 병행하려면 선택과 집중이 필요하다. '딴짓'이라는 가벼운 이름을 붙이기는 했지만, 사실 취미가 아니라 '일'로 정의한 데에는 그로부터 어떤 식으로든 결실을 기대한다는 뜻일 테니까. 각각의 일에 쏟을 시간과 에너지를 삶의 다른 영역으로부터 거둬들여서 확보해야 한다. 물론 이는 결코 쉬운 일이 아니다. 당장 퇴근 후 달콤한 휴식 시간을 포기해야 하고, 주말 이틀을 아무 계획 없이 빈둥대는 시간을 포기해야 하며, 만나는 사람도 줄여야 하고 어쩌면 연애를(?) 포기해야 할 수도 있다.

새로운 일에 도전하고, 그 일로부터 어떤 성과를 얻을 때까지 꾸준히 달리기 위해 가장 선행되어야 하는 것은 아마 '무엇을 포기할지 정하는 일'일 것이다. 그런 의미에서 '얼마만큼 잘 포기했고, 잘 집중했는가'는 곧 우리가 벌이는 딴짓의 수준, 우리가 만들어낼 결과물의 퀄리티와 스케일을 결정한다.

십수만의 구독자를 가진 유튜브 채널을 보유한 직장인 유튜버를 볼 때 우리는 영상에 나오는 그의 즐거운 일상, 유튜브를 통해 그가 얻는 월수입이나 여러 기회들부터 떠올린다. 그러나 사실 그가 주 1회 영상을 업로드하기 위해 주말 중 하루를 통으로 빼서 12시간씩 편집에 투자한다거나, 영상이 올라가는 전날이면 밤을 새면서 나머지 편집을 하고, 2시간밖에 못 잔 채로 출근한다는 사실은 굳이 알고 싶어 하지 않는다. 큰 관심이나 대가가 주어지지 않았던 시기에도 그러한 생활과 패턴을 유지하고, 그렇게 1년이 지나고 2년이 지남에 따라 서서히 빛을 보게 되었다는 사실에도 큰 관심이 없다.

내가 다닌 전 직장은 출퇴근에만 왕복으로 3시간이 넘게 걸렸다. 책을 읽고 팟캐스트를 듣고, 중반 이후부터는 시간이 빨리 가길 바라며 유튜브를 봤다. 유튜브에는 재미있는 콘텐츠가 많아 두루두루 봤지만, 그중 내가 가장 빠져 있던 유튜버는 한시연 님이다. 시연 님은 외국계 기업에 다니는 직장인으로, 유튜브에서 한창 유행하던 '직장인 브이로그'를 찍으며 입소문을 타고 구독자 수를 늘리고 있었다. 내가 처음 구독할 때만 해도 1만 명이 채 안 되었는데, 어느덧 16만 명을 훌쩍 넘겼다.

일면식도 없는 사이였으나, 시연 님이 올린 Q&A 영상을 보고 인터뷰이로 모시고 싶다는 생각에 다짜고짜 메일을 보냈다. 그 영상은 채널 구독자들이 보낸 질문에 자유롭게 대답을 하는 영상이었는데, 회사와 유튜브를 병행하는 것의 고단함이나 장점을 가감 없이 솔직하게 구독자들과 공유하는 모습이 인상적이었다. 영상 본 모습대로 시연 님은 정말 호쾌하게, 그리고 흔쾌하게 우리의 인터뷰 요청을 수락해주셨다.

"저는 일단 기본적으로 제가 다니고 있는 회사를 되게 좋아해요. 정말 오래 다니고 싶고, 그리고 더 좋아지게 된 계기는 제가 지금 유튜브 하는 거를 회사 사람들이 다 알잖아요. 그거에 대해서 터치를 안 하시고, 재미있게 이야기를 해주시니까 거기에서 애사심이 더 폭발하는 거죠. 유튜브를 안 좋게 생각하실 거라고 생각했는데, 오히려 그거는 네 일이니까 우리가 터치할 것이 아니다, 이렇게 나와주시니까 저도 감사한 마음에 더 열심히 일하고 싶어지고, 아무도 시키지 않는 야근을 하게 되고, 애사심이 더 높아진 것 같아요."

시연 님은 유튜브를 하면서 회사를 더 좋아하게 되었다고 한다. 유튜브 채널이 아무리 커져도 회사는 포기하지 않을 것 같다고도 했다. 영상에서 보이는 그녀의 모습이 워낙 활동적인 데다가 타고난 유튜버인 것처럼 보여서 그런 대답이 의외의 면으로 다가왔다.

"저는 본질적으로 회사원, 직장인이라고 생각해요. 회사원의 리듬이 저에게 잘 맞는달까요. 왜냐하면 저는 게으르고 나태한 인간이거든요. 유튜브만 전업으로 하면 오히려 업로드 더 못 할지도 몰라요. 하루의 규칙적인 생활을 지키는 게 가능한 이유는, 어쨌든 회사를 가는 것으로 제 하루가 시작되니까요. 제 코어는 회사고, 이게 저를 지탱하고 있는 가장 큰 원천이기 때문에, 제 채널의 규모랑은 상관없이 회사를 그만둘 일은 없습니다."

어쩌면 많은 사람들이 꿈꾸는 모습일 수도 있다. 회사는 회사대로 다니면서, 퇴근 후 일상을 찍어 올리면 10만 명이 넘는 구독자들이 좋아해주고, 그를 통해 부가적인 수익을 창출하는 일. 하지만 그만큼의 성과를 내기 위해서는 들여야 하는 품도 적지 않을 것 같았다. 점점 채널 규모가 커지면서 초기에 '나 좋자고 하는 일'의 성격을 순수하게 지키는 것이 가능한지, 부담이 너무 커지지는 않는지 궁금했다. 일종의 사이드 프로젝트인 유튜브 채널 운영에 있어서도 즐겁고 좋은 면이 있는 한편, 싫지만 견뎌야 하는 면이 분명 있을 테니 말이다.

"채널 규모가 커지면 압박감을 많이 받게 돼요. 아마 이건 유튜브 채널을 운영하는 모든 분들이 갖게 되는 감정일 거예요. 그래서 저는 유튜브를 전업으로 절대 못 하겠다고 생각하고 있어요. 지금은 이 압박을 회사랑 나누거든요. 유튜브를 하면서 감정적으로 소모가 많고, 생각보다 머리를 써야 하는 일도 많기 때문에 엄청 피로감을 느껴요. 그래서 가끔은 유튜브를 하면서 느끼는 이 피로감이 저를 잠식할 것 같더라고요. 내가 좋아서 취미로 하는 일에 오히려 잠식당할 것 같은 느낌. 그럴 때는 다른 곳으로 눈을 돌려야 하는데 사람이 한 군데 집중을 하면 그것밖에 안 보이게 되잖아요. 근데 다행히 제가 회사를 다니니까, 회사에 정해진 시간 출근하고 그곳에서는 온전히 회사 일에만 집중을 하면서 제가 원치 않더라도 배분이 되더라고요."

특징이 다른 두 가지 일을 병행하면서, 각각의 일이 주는 압박을 다른 일에 집중하며 잊는 등 적절한 균형점을 찾아나간다는 이야기였다. 힘든 게 없진 않지만, 힘든 것보다는 도움을 받은 게 훨씬 많다는 시연 님의 말이 어느 정도 공감이 갔다.

"이게요, 정말 삶의 활력이 돼요. 피곤할 거라고 많이들 생각하시는데 아니에요. 아무것도 안 하는 게 사실 제일 피곤해요. 무미건조하고 반복된 일상을 살아가는 게 제일 지치고 피곤하거든요. 내가 좋아하는 일 하면서 잠이 좀 부족하고 그런 건, 전 오히려 괜찮아요. 재미있는 것 같아요."

포기하지 않고 여러 개의 공을 굴린다

가영 님(가명)은 개발자인 동시에 을지로에서 친구들과 함께 펍을 운영하는 '투잡러'다. 독서모임에서 우연히 알게 된 가영 님은 토론 때마다 늘 시원시원하게 자기 생각을 밝히는 분이었다. 그녀의 또 다른 특징은 애주가라는 점인데, 단순히 술을 마시는 걸 좋아하는 것뿐만 아니라, 술에 대한 지식도 해박하고 맛도 섬세하게 구분할 줄 안다. 독서모임이 끝나고 뒤풀이를 갈 때면 모임의 멤버들에게 술에 대해서 하나하나 설명을 해주고 새로운 술을 소개해주어 늘 인기가 많았다.

그런 가영 님이 술집을 차린다는 말을 들었을 때,

처음에는 회사를 그만두는 거냐고 물었다. 회사는 회사대로 다니면서, 남는 시간을 활용해 운영할 거라는 답을 들었을 때는 '우와, 그게 가능하단 말이야?'라는 생각이 들었다. 그런데 정말 6개월이 채 지나지 않아서, 2018년 10월 을지로의 어느 골목에 가영 님과 친구들의 손길이 듬뿍 묻은 작은 펍이 열렸다.

  독서모임에서 만나 친해진 우리들은 가오픈 기간에 펍에 초대를 받았다. 가영 님은 물론, 함께 펍을 운영하고 있는 친구들 중 누구도 기존에 음식점이나 술집을 운영해본 경험이 있는 사람은 없었다. 이 점이 인상 깊었다. 동업한 세 명이 각각 술, 음식, 디저트 등을 너무 좋아해서 자신이 좋아하고 잘 아는 분야를 담당해서 메뉴를 만들고, 연습하고, 책임지고 있는 것이었다. 아무리 친한 친구끼리라도, 사실 동업을 한다는 게 쉽지 않은 결정이었을 텐데 어떻게 결정하고, 추진하게 되었을까?

"글쎄요. 아마 각자 자세한 생각은 다 다를 수도 있는데요. 공통적인 이유 하나는 '이걸 함으로써 우리가 오래 남을 좋은 추억을 만들 수 있겠다. 우리 삶에도 이게 값진 경험이 되겠다.'라는 생각이었던 것 같아요."

글을 쓰거나 유튜브를 운영하는 것은 어느 정도 내가 스케줄을 유연하게 조율할 수 있는 영역이지만, 가게를 운영한다는 것은 회사 일과 병행하기에 물리적으로 훨씬 더 만만치 않은 일처럼 느껴졌다. 일단 하루에 최소 9시간을 회사에서 보내야 하는데, 퇴근 후 또다시 가게로 출근해야 한다면 신체적으로 너무 고단하고 피로한 일이 아닌가. 내가 피곤하거나 야근을 한다고 해서 가게를 안 열거나 늦게 열 수도 없는 것이고 말이다. 가영 님은 처음에는 정말 많이 피곤했지만, 차차 몸이 적응을 하게 되었다고 했다.

"펍이지만 그래도 열한 시 반에 마감을 해요. 사실 손님 입장에서는 굉장히 일찍 문 닫는 거죠. 한창 마시는데 열한 시 쯤 나가라고 하니까 황당해하는 손님들도 있고. 하지만 저희는 당장 다음 날도 또 출근을 해야되고. 그래서 어쩔 수 없이 마감을 해요. 집에 가면 보통 한 시 정도 되죠. 그러면 육체노동을 하고 온 거니까 다음 날 피곤하긴 한데, 그래도 확실히 재미있고 즐거운 마음으로 일을 해서 그런지 이 피로는 금방 없어지더라고요. 적응을 해서 요즘은 그렇게 많이 피곤한 상태는 아니에요."

시연 님에게 했던 질문을 똑같이 던졌다. "만일 지금 병행하고 있는, 혹은 부업으로 하고 있는 펍 운영이 아주 잘 된다면, 본업을 그만두고 올인하고 싶은 생각도 있느냐."고.

"기본적으로 저는 다른 업무를 하면서 '취향로 3가(운영 중인 펍 이름)' 일도 '병행'하고 싶어요. 지금 회사에서 정규직이니까 8시간 근무를 하잖아요. 근데 그 8시간 근무를 4시간으로 줄일 수 있도록 프리랜서로 전

향한다거나, 개발자와 펍 운영을 동시에 하고 싶은 마음은 있어요. 지금은 약간 고민하는 단계인 것 같아요. 회사를 그만두고 조금 짧게 근무할 수 있는 곳을 찾아보고 싶은 마음만 있는 단계."

아예 하나를 선택하는 대신 굳이 '병행'을 하고 싶은 이유가 있을까? 가영 님은 개발을 하거나 펍을 운영하는 일을 본업, 부업으로 구분하지 않고 둘 다 자신의 본업으로 생각하고 있다고 말했다. 각각의 일이 주는 기쁨이나 즐거움이 다르기 때문이다.

"저는 기대 이상이었어요. 제가 개발자 일도 좋아하기는 하지만, 항상 어딘지 모를 갈증이 있었거든요. 일을 하고 집에 오면 뭔가 하루 종일 열심히 일을 한 것 같은데 좀 허한 마음이 있는 거예요. 나를 위해서 한 게 없는 것 같은 그런 느낌이 들 때가 많았거든요. 그래서 생각해보니까 평소에 제가 재미있어하는 일들은 사람들을 만나고 얘기하고 그 사람들에게 도움을 줬을 때

진짜 거기서 보람을 느끼는데, 개발자는 컴퓨터를 통해서 세상을 보는 직업이잖아요. 그러다 보니 취향로 3가에서 고객들을 면 대 면으로 만나면서 서비스를 했을 때 거기서 오는 보람과 기쁨이 커서, 저는 기대 이상이었던 것 같아요. 한번 해보고 나니까 훨씬 재미있고 더 해보고 싶다는 욕심이 생기더라고요."

　　회사생활 혹은 지금 자신이 하는 일만으로는 충족할 수 없는 욕망을 또렷하게 인지하고, 자신의 갈증을 해소하기 위해 추가적으로 일을 벌이고 꾸려나가는 사람들이 실제로 들이는 노력과 포기를 안다면, 이를 바라보는 시선에도 여러 변화가 있으리라 생각한다. 따지고 보면, 이유와 목적이 무엇이든 간에 이들은 갖고 싶은 것을 갖기 위해 그만한 노력과 실행을 하는 사람들인 것이다. 내가 좋아서, 재미있어서, 무언가를 얻기 위해서 포기하지 않고 여러 개의 공을 굴려보겠다고 다짐한 거니까.

얻는 것과 포기하는 것이 조금 더 명확해지는 선택을 하는 것일 뿐, 엄청나게 유별난 도전이거나 이기적인 선택인 것은 아니다.

"삶의 활력이 돼요. 피곤할 거라고 많이들 생각하시는데 아니에요.
아무것도 안 하는 게 사실 제일 피곤해요.
무미건조하고 반복된 일상을 살아가는 게 제일 지치고 피곤하거든요.
내가 좋아하는 일을 하면서 잠이 좀 부족하고 그런 건, 전 오히려 괜찮아요.
재미있는 것 같아요."

1 '직장인 브이로그 맛집'으로 여성들 사이에 입소문을 타며 구독자 수 20만 명을 앞두고 있는 한시연 님.
2 '취향로 3가'를 아지트 같은 분위기로 만들어주는 따뜻한 조명.
가연 님은 친구 2명과 함께 각각 술, 음식, 디저트 등 자신이 좋아하고 잘 아는 분야를 담당해
메뉴를 만들고, 연습하고 책임지고 있다.

'조금 더' 힘든 대신
'훨씬 더' 행복하고 만족스러우니까

덜 힘든 것이 더 즐겁거나 행복한 상태인 것은 아니다. 단기적으로는 힘들지만 장기적으로는 행복에 더 가까워지는 선택이 있다. 이를테면, 퇴근 후 매일 밤 글을 쓰는 것은 너무 고통스럽고 피곤한 일이다. 냉장고에 있는 시원한 맥주를 꺼내 넷플릭스를 틀어놓고 하루를 마무리하고 싶은 유혹부터 말 그대로 온몸을 덮쳐오는 피로와 졸음에 두 손 두 발 다 들고 항복해버리고 싶을 때도 많다. 실제로 그에 항복해버린 후 다음 날 기상했을 때, 눈 깜짝할 새에 불어난 '글 빚'을 마주한 채 느끼는 자괴감은 정말이지 사람을 힘들고 괴롭게 만든다.

하지만 그렇다고 내가 이것 때문에 불행한가 묻는다면 단언컨대 그렇지 않다. 장기적으로 이 고통스러운 과정이 나를 결국은 행복에 더 가깝게 만들어줄 것임을 알고 있다. 언제나 '기회가 되면'이라고 말하던 나에게 실제로 그 기회가 찾아왔고, 서툴지만 이러한 시행착오를 거쳐 나의 이름을 달고 책이 나온다면 무척 행복하고 그 결실이 값질 것임을 믿어 의심치 않는다. 그렇기에 기꺼이 퇴근 후 저녁 시간을 들여, 아침 시간을 쪼개서, 주말의 여가를 포기하면서 여기에 시간과 에너지를 투입하는 것이다.

'나'를 증명하고 나서 줄어든 불만

이런 맥락에서, 원섭 님을 인터뷰하게 됐을 때 '회사에 다니면서 글을 쓸 체력과 시간을 어떻게 확보하는지' 꼭 물어야겠다고 생각했다. 원섭 님은 대기업에서 시스템 설계 엔지니어로 일하면서, 동시에 소설을 쓴다. 2018년 1월, 황금가지라는 출판사에서 장편 소설 《짐승》을 출간했고, 영화화가 확정되었다. 이외에도 추리나 스릴러, 호러 장르의 단편 작업을 꾸준히 하고 있다.

소설 쓰기는 언뜻 생각하기에 시간과 장소에 구애받지 않고 할 수 있으므로 취미 혹은 부업으로 용이하다고 생각할 수도 있지만, 사실 회사에 다니면서 글을 쓰는 게 정말 쉽지 않은 일이다. 이걸 아는 입장에서, 원섭 님의 노하우가 궁금했다. 어떻게 이렇게 꾸준히, 활발하게 작품을 쓸 수 있었을까? 습관이 된 후에야 그렇다 쳐도, 처음에 적응하기까지 쉽지 않았을 텐데 어떤 동력이 있었던 걸까?

"향상심이라고 할까요. 굳이 이유가 있다면 글쓰기는, 좀 더 잘하고 싶은 마음이 자꾸 드는 거 같아요. 모든 분야가 다 그렇겠지만 어떤 일을 하다 보면 그 일을 잘하고 싶은 마음이 들잖아요. 그것처럼 글쓰기도 쓰면 쓸수록 더 잘 쓰고 싶은 마음이 자꾸 생기고요. 인정 욕구도 솔직히 좀 있어요. 저는 글 쓰는 사람들은 기본적으로 관종이라고 생각을 하거든요. 관심받고 싶은 욕구가 있고, 그러니까 글을 쓰는 거겠죠. 그러다 보니까 좀 욕구가 있는 거 같아요. 남들한테 나를 증명하고 싶다는 욕구. 난 이런 이야기를 가지고 있다, 증명하고 싶은 마음이 있는 거 같아요."

원섭 님은 2006년부터 글을 쓰기 시작했다. 글을 쓴 지 거의 13년이 된 셈인데, 그중 10년은 독자가 거의 아무도 없었다고 한다. 그럼에도 꾸준히 글을 써왔고, 그 결과 자신의 이름으로 된 책이 나오고, 독자가 생기고, 크고 작은 결실들이 따라오기 시작한 것이다. 그렇다면 글을 꾸준히 쓰고, 결실이 생기면서 회사생활을 대하는 마음가짐에도 달라진 점이 있을까. 원섭 님은 크게 달라진 건 없지만 확실히 불만은 줄어든 것 같다고 말했다.

"마음이 크게 달라진 건 없어요. 그런데 불만은

줄어든 것 같아요. 누구나 회사생활에 스트레스가 많이 있잖아요. 일로 받는 스트레스도 있고, 내가 원하는 만큼 평가가 안 나와서 받는 스트레스도 있고 인간관계에서 오는 스트레스도 있는데, 그런 걸 많이 해소할 수 있는 거 같아요. 글쓰기를 통해서 분출을 많이 하게 되니까요. 사실 회사는 큰 조직이니까 일을 하면서 '내가 부품이구나.', '난 대체할 수 있는 사람이구나.'라는 걸 느낄 때가 가끔 있어요. 그럴 때면 자의식에 상처를 받을 때도 있고 나의 존재 이유는 뭘까 생각할 때도 있거든요. 그럴 때 자기가 꾸준히 시간을 들여 해왔던 사이드 프로젝트, 저 같은 경우에는 글이 도피처가 되어주더라고요. 자아실현, 자기계발 그런 측면에서는 굉장히 도움이 많이 된다고 생각합니다."

나의 쓰임을 발견하기 위한 즐거운 시도

　　많은 사람들이 사이드 프로젝트나 딴짓을 하는

사람들을 보며 "퇴근 후에 또 일을 한다고?!", "너무 힘들지 않나?", "어떻게 저걸 다 하지."라고 말한다. 하지만 내가 만난 대부분의 인터뷰이들은 힘들긴 하지만, 행복하고 내가 나로 살고 있는 기분이 든다고 말했다. 어쩌면 사업도 비슷한 것 같다. 단기적으로는 자기 사업을 하는 이들이 감내하는 고통과 스트레스의 크기는 매우 커 보이지만, 그들은 단기적인 즐거움 대신 장기적으로 얻게 될 가치에 좀 더 집중하는 것이다. 누군가의 눈에는 힘들고, 피로하고, 스트레스 받는 그 환경이 어떤 사람에게는 개인적인 행복에 더 가까이 가기 위한 과정으로, 기꺼이 감수하거나 투자할 수 있는 감사한 시간일 수도 있는 것이다.

조금 더 힘든 대신 이것들을 통해 덜 불안하고, 더 풍요로우며 만족스러운 상태의 '나'로 살아갈 수 있다면 당장 나에게 직접적인 보상으로 돌아오지 않더라도 충분히 무언가 투자해볼 가치가 있지 않겠는가. 당장의 즐거움을 포기하지 않기 위해 어떤 추가적인 부담도 거부한다면, 지금은 조금 덜 피곤하고 조금 덜 스트레스 받을지 모르지만, 역설적으로는 시간이 지났을 때 훨씬 피곤하고, 훨씬 스트레스풀한 상황에 놓이게 될 가능성이 크다.

　　장기적인 관점에서 더 행복하고 자유로울 수 있도록, 어떤 사람들은 한 가지에 밀도 높게 '올인'을 한다. 창업을 하거나, 인생의 어떤 시기를 한 가지 일에 매진하여 모든 것을 쏟아붓는 것이 해당될 것이다. 이미 이러한 시도와 실행에 대해서는 사회에서 충분히 독려하고 존중해주는 듯하다. 그러나 똑같이 장기적인 관점에서 좀 더 주체적으로 살기 위해, 여러 곳에 에너지를 투입하고 동시에 두세 가지 일을 병행하며 자신만의 일의 기반을 닦는 사람들에 대한 시선은 충분히 성숙하지 못했다는 인상을 받는다. 행복하고 만족스럽기 위해 단기적인 스트레스나 피로, 높은 노동 강도를 감수하기는 마찬가지인데 말이다. 그런 선택은 사회로부터 요구받거나 학습된 것이 아니다. 온전히 자기 자신의 결심과 선택으로부터 비롯된 행동이라는 점에서 똑같이 존중받고 응원받을 자격이 있다.

물론 이걸 어떤 의무나 스트레스, 숙제처럼 받아들이지는 않았으면 한다. 세상이 변해가는데 아무것도 안 하면 안 된다는 불안감보다는, 나의 새로운 쓰임을 발견하거나 회사 밖에서도 나의 에너지를 발휘해 무언가에 기여하고 보상을 얻을 수 있는 구조를 만들기 위한 즐거운 시도쯤으로 생각하면 좋겠다. 처음에는 꽤나 고생도 하고 피로하겠지만, 이 둘을 일상에서 적절하게 유지하며 각각에서 대체 불가능한 효능감과 결실을 얻어낸다면 전체적인 삶의 만족도와 행복도는 올라갈 수밖에 없지 않을까?

일 욕심도, 고민도 많은 사람에게는 밑져야 본전인 꽤 좋은 도전이라고 생각한다. 단기적인 재미와 즐거움은 조금 줄어들겠지만, 장기적으로 얻게 될 자산은 훨씬 더 풍성해질 거라고 확신한다.

"회사에서 일을 하다 보면
'난 대체할 수 있는 사람이구나.'라는 걸 느낄 때가 있어요.
그럴 때면 자의식에 상처받기도 하고
내 존재 이유를 깊게 고민하게 되는 것 같아요.
그럴 때 꾸준히 시간을 들여 해왔던 사이드 프로젝트,
저 같은 경우에는 '글'이 도피처가 되어주더라고요."

1 원섭 님은 대기업에서 시스템 설계 엔지니어로 일하며, 동시에 소설을 쓰고 있다.
2 2018년 1월, 원섭 님의 소설책 《짐승》이 출간되었고 이는 영화화가 확정되었다.

고민만 하다가 10년이 흘렀다

조금 뜬금없는 이야기지만, 나는 개명을 했다. 어릴 때부터 내 이름을 좋아하지 않았는데, 그러다 보니 내 이름이 싫다는 불평불만을 사는 내내 하고 있는 기분이 들었기 때문이다. 10년 전에도 했던 불평을 지금도 하고 있고, 10년 후에도 아마 계속하고 있으리라는 생각. 그러자 이런 질문이 떠올랐다.

'이렇게 계속 생각하고 스트레스 받을 거라면, 그냥 이름을 바꾸는 게 낫지 않을까?'

실제로 개명하기로 마음을 먹고 이것저것 알아보며 계획을 세우는 과정에서, 이전에는 너무 어렵고 번거롭게 느껴졌던 그 일이 훨씬 더 '할 법한' 일로, 구체적인 모양으로 보이기 시작했다.

무조건 일단 한번 해보는 것

앞서 가영 님도 비슷한 말을 들려주셨다. 사업을 한다, 펍을 한다 생각만 할 때는 너무 거창하고, 어렵고, 돈이 많이 들며, 위험한 일처럼 보였다고 한다. 그래서 '할까 말까' 고민하는 동안 10년이 흘렀다고 한다. 어느 순간 '이제는 하지 않으면 안 될 때'라는 생각이 들어 구체적으로 실행 계획을 세우고 예산을 짜다 보니, 훨씬 더 '할 법한' 일이 되었다고 한다. 오히려 고민만 할 때는 겁도 많이 나고 걱정도 많았는데, 막상 내가 어찌할 수 없는 일에 대해서는 생각을 끄고, 해치울 수 있는 일을 하나씩 해내면서 훨씬 더 마음이 좋아졌다고.

"저희도 거의 10년 동안 고민을 했던 것 같아요. 할까 말까. 결국 이걸 시작하기로 했을 때도, 뭔가 딱 결단이 내려져서 한 게 아니었어요. 그냥 더 이상 시간이 지나면 못 할 것 같은 것에 가까웠죠. 이제 이런 기회가 없을 것 같다는 생각이 갑자기 드는 거예요. 그래서 앞뒤 안 재고 그냥 하자, 이렇게 했었거든요. 하고 나니까 불가능하지 않았어요. 하면 하는 거더라고요. 그래서 어떤 분이 만약에 뭔가를 사이드로 하고 싶은 게 있으면, 무조건 일단 한번 해보는 것을 추천해요. 물론 현실적으로 내가 할 수 있는 범위인지를 잘 가늠하셔야겠지만요."

실제로 가영 님이 언젠가 나만의 사업을 해야겠다고 근 10년을 고민한 것처럼, 이유는 알 수 없지만 계속 나를 따라다니는 생각이 있다. '할까 말까' 자꾸 나를 고민하게 만드는 일 말이다. 거기에 대하여 어떤 답을 내리지 못하고 고민하거나, 혹은 지친 일상 속 그런 생각을 하는 과정 자체가 번거롭거나 부담스러워 저만치 밀어두는 동안 시간은 무섭게 흐른다.

10년 후에도 할 생각이라면, 10년 후에도 똑같이 하고 있을 고민이라면 그를 빨리 줄여주거나 해결하는 것이 나에게 여러모로 도움이 된다. 경험을 통해 하나 확실히 깨닫게 된 사실은, '뭐라도 하고 나야 그다음이 있다는 것'이다. 10년 동안 '언젠가 베를린에 가서 1년 동안 살아볼 거야.'라고 말하느니, 단 한두 달이라도 그냥 가서 살고 오는 것이 낫다. 내가 몇 년 동안 계속해서 주문처럼 외고 있지만 정작 그를 위한 실천이나 실행은 하나도 하지 못하고 있는 게 있는가? 그러면 사이드 프로젝트든, 딴짓이든 그걸로 시작해보는 건 어떨까?

지금 이 생각을 10년 후에도 하고 있을 거라면

송재 님은 광고 분야에서 주로 커리어를 쌓다가 지금은 금융회사에서 근무하고 있으며, 지난 수년 동안

'(하고 싶으면) 해라! 클래스'를 사이드 프로젝트로 운영하고 있다. 패러글라이딩을 하고 싶어서 찾아보니 준비해야 할 게 많다는 생각에 차일피일 미루다가, 어느 날 SNS에서 함께 패러글라이딩을 할 사람들을 구해서 다 함께 다녀왔던 것이 계기가 되어 시작했다. 살면서 꼭 한번 해보고 싶었던 것을 다른 사람들과 함께 경험해본다는 취지로 장사, 템플스테이, 번지점프 등 다양한 활동을 추진하는 프로젝트를 하는데 지금까지 20개가 넘는 프로젝트를 마쳤다고 한다.

"제가 원해서 들어간 회사지만 기본적으로 회사 일은 내가 원하지 않은 일, 원하지 않은 스케줄에 원하지 않은 정도로 일을 하잖아요. 근데 딴짓은 제가 하고 싶은 일을 하는 거예요. 그걸 하면 일주일에 하루라도, 혹은 일주일에 반나절이라도 기본적으로 기분이 좋아져요. 그리고 내 삶을 주체적으로 살고 있다는 느낌을 갖게 돼요. '적어도 일주일에 하루만큼은 내가 하고 싶은 거 마음껏 했어.' '5일 동안 힘들게 지내왔지만 하루

정도는 내가 하고 싶은 거 하고 있어.'라고 느낄 때 내 삶을 잘 살고 있다는 느낌을 갖게 되요."

송재 님을 보면서, 일을 잘하고 또 좋아하면서도 일의 중심이 회사가 아니라 송재 님 자신에게 단단히 뿌리 내리고 있음을 느꼈다.

"후배들이 저한테 질문을 많이 해요. 자기가 지금 회사를 다니고 있는데, 새로운 회사에서 오퍼가 왔다. 그런데 거기는 계약직이다, 혹은 인턴이다, 혹은 스타트업에서 제안을 받았다. 그런 얘기를 할 때 제가 원래 충분히 얘기를 듣고 답을 줘야 되는데 결론부터 얘기하는 경우가 많아요. 일단 가라, 일단 지원서를 쓰고 면접을 봐라. 그러면 면접 보고 나오는 그 순간에 답이 결정이 될 거다. 이렇게 얘기하거든요. 실제로도 그렇고요. 무슨 일을 해보기도 전에 이게 좋을지 안 좋을지 고민을 너무 오래 하는 건 무의미할 수 있는 것 같아요. 실제로 해보면 내가 기대했던 게 전혀 충족되지 않기도 하고, 대신 내가 예상하지도 못한 것들이 벌어지기도 하니까. 사전에 너무 많은 준비를 하는 게 때로는 큰 의미가 없어요. 그래서 사이드 프로젝트든 딴짓이든 이직이든, 혹은 회사를 그만두는 거든 그 느낌이나 생각이 반복적으로 맴돈다는 것은 나도 모르는 새에 그걸 원하는 거기 때문에, 너무 길게 고민하지 말고 그냥 했으면 좋겠어요."

할까 말까 고민하거나 혹은 아예 고민조차 하지 않으면 시간은 무섭게 흐른다. 뭐라도 하고 나야 그다음에 대해 말하고 생각할 수도 있다. 고민만 하다가 처음으로 한 번 실행했을 때 그 즉시 홈런을 칠 수 있는 사람은 거의 없으니까. 내게 체력과 에너지가 조금이라도 더 있을 때, 실패했을 때 회복할 수 있는 여유가 조금이나마 더 있을 때 미리미리 시도해보면 어떨까. 그러면 그것이 곧바로 어떤 성과로 이어지지는 않더라도, 그 과정 속에서 좋은 동료도 만들고 내가 무언가 할 수 있는 재료들도 얻고, 기초 체력도 생길 것이다. 그것들이 모여 훗날 '진짜 한 방'을 만들어낼 수 있다. 설령 아무 결과물을 얻지 못한대도, 10년 후에도 똑같은 고민이나 바람을 읊지 않아도 된다는 점만으로도 충분히 값어치 있는 실행이다.

만일 지금 무언가를 해볼지 말지 고민만 하다가 몇 년이 훌쩍 흐른 상황이라면, 그런데 지금 하고 있는 그 생각을 5년 후, 10년 후에도 똑같이 하고 있을 거라면, 차라리 지금 뭐라도 해보자. 그래야만 그게 나에게 좋은지 아닌지를 알고, 어떤 쪽이든 간에 '그다음'도 새롭게 만들어낼 수 있을 테니까.

"어차피 정년 때까지 일을 한다고 해도 50세 초중반이잖아요. 분명히 우리는 100세까지 살 텐데, 아무리 100세까지 살 돈을 충분히 모아놨다고 하더라도 할 일이 없으면 굉장히 고통스러울 거 같거든요. 최근에 그런 생각이 들었어요. 그래서 평생 할 일을 찾자. 그리고 그게 제 삶의 낙이고 재미인 걸 알았어요. 그러니깐 안

정보다는 변화나 성장, 그리고 사람들하고 함께 더 어울리는 게 저를 더 행복하게 해준다고 느꼈어요. 회사에 귀속이 돼서 안정적인 혜택을 받는 것보다는, 회사가 없어도 100세까지 일을 할 수 있는 상태로 가는 것이 저에겐 더 맞는 삶이라고 생각했어요."

"안정보다는 변화나 성장,
그리고 사람들하고 함께 어울리는 게 저를 더 행복하게 해준다고 느꼈기 때문에
회사에 귀속 돼서 안정적인 혜택을 받는 것보다는,
회사가 없어도 100세까지 일을 할 수 있는 상태로 가는 것이
저에겐 더 맞는 삶이라고 생각했어요."

1 송재 님은 금융회사에서 근무하며 하고 싶은 것들을 함께 모여 하는
해라 클래스라는 프로젝트를 운영하고 있다.
2 딴짓으로 넓어진 삶의 스펙트럼은 송재 님에게 많은 기회를 가져다주었다.
한 강연 자리에서 후배들에게 조언하는 내용의 이야기를 하고 있는 송재 님.

줄 수 있는 것과 없는 것을 구분하자

주변을 보면 '이기적'이라는 말을 대부분 부정적인 뉘앙스로 사용한다. 심지어 국어사전에서도 부정적인 뉘앙스를 듬뿍 담아 '제 한 몸의 이익만 차리는'이라고 설명하고 있다. 하지만 곰곰이 생각해보면, 사실 '이기적이다'라는 말은 그 자체로는 가치중립적인, 지극히 자연스러운 표현이다.

오히려 나는 가끔 우리 사회가 지나치게 '나 중심 사고'를 금지한다는 생각을 한다. 나를 최우선에 놓고 생각하며, 내가 원하는 것을 명확히 알기 위해 탐구하고 고민하는 시간을 갖기도 참 어렵다. 무엇이 옳고 그르고 더 나은지에 대해 규격화된 답을 제시하는 동안, 우리 각자 갖고 있는 욕망이나 선호, 취향이 싹틀 여지는 점점 사라져간다. 그러다 대학에 가서야, 직장에 들어가고 나서야 자아를 탐구하기 시작하는 것은 얼마나 비효율적이고 아까운 '늦은 출발'인가.

커리어와 관련해서도 그렇다. 오직 나를 위한 선택과 기회들을 중심에 놓고 사고하고 행동하는 것은 지극히 당연한 일이다. 물론 회사에서 맡은 바를 다하며, 어느 정도 의식적으로 신중하게 행동하는 것은 현실적으로 필요한 일이다. 하지만 그뿐 아니라 내가 나의 '살길'을 찾고 회사 밖에서 적극적으로 나만의 텃밭을 가꾸는 일 자체에 이유 모를 죄책감을 느낀다면, 단언컨대 그 사람은 좀 더 '이기적'으로 굴 필요가 있다.

구축해온 세계가 무너지는 경험, 그 후

영선 님은 '록담'이라는 필명으로 잘 알려진 분이다. 공대를 졸업해 축제 기획자로 첫 사회생활을 시작했고, 예술경영대학원에 진학한 것을 계기로 적극적으로 문화 마케팅 분야 커리어를 쌓았다. 공연기획사, 한화호텔앤리조트, 다음커뮤니케이션, 카카오를 거쳐 지금은 한국예술종합대학교의 겸임 교수로 재직 중에 있다.

'낯선대학', '리뷰빙자리뷰(이하 '리빙리')', '개뿔콘', '낯선컨퍼런스' 등 다양한 딴짓을 벌여온 영선 님은 사실 첫 번째 인터뷰였다. 딴짓 혹은 사이드 프로젝트 하면 제일 먼저 생각나는 분이기도 했거니와, 영선 님이 만든 사이드 프로젝트에 참여한 직장인만 해도 벌써 수백 명이 넘어간다. 영선 님 역시 사이드 프로젝트를 활발하게 하면서 주위 사람들로부터 회사가 뭐라고 안 하냐는 질문을 수백 번 넘게 들었다고 한다.

"정말 열이면 아홉이 '회사에서 뭐라고 안 해?'라고 물어요. 마치 인생이 회사에 저당 잡혀 있는 느낌? 그런데 어느 순간 회사에서 배신감을 느껴보면, 회사가 늘 옳지만은 않다는 걸 알게 되죠. 회사가 늘 공평하지도 않고요. 회사가 모든 직원들에게 다 마음을 쓰는 게 아니에요. 그럴 수도 없고요. 회사는 철저히 비즈니스 중심의 조직이기 때문에 그에 맞게끔 세팅되어 있고, 그 과정에서 누군가는 핵심 인재가 되는 한편 또 어떤 사람은 소외될 수밖에 없거든요. 40대가 넘어가면서 또래들이 회사에 배신감을 많이 느끼더라고요."

빠르게 바뀌는 IT업계에서 고연차가 된다는 것은 어떤 의미일까. 영선 님에게는 '마흔'이 변곡점이었다고 한다. 두려운 게 없었던 20대, 30대와 달리 마흔이 되며 그간 구축해왔던 세계가 무너지는 경험을 했다고 한다.

"몸과 마음의 에너지가 충만했던 20대, 30대에는

두려운 게 별로 없었던 것 같아요. 그런데 마흔을 돌파하면서 제가 가졌던 세계가 무너지기 시작했어요. 몸도 무너지고 정신도 무너지고 세계도 무너지고. 이를테면, 제 의도와 상관없이 조직은 도태되지 않고 성장하기 위해서 합병을 하고 엄청난 변화의 소용돌이에 놓여 있게 되죠. 그런 상황에서 저는 상대적으로 고연차가 되기 시작했던 거예요. 그 즈음, 제가 회사에서 원하는 인재가 아니라는, 중심에서 조금씩 밀려나는 듯한 느낌을 처음 느끼기 시작했던 것 같아요."

그즈음 영선 님은 당시 오픈했던 제주 창조센터에 합류했다. 제주 생활은 좋았지만 가족과 떨어져 지내는 것이 마음에 걸렸다. 제주에 내려갈 때 약속했던 프로그램들을 안정적으로 론칭하고 난 후에는 밤마다 서비스 기획안을 썼다고 했다. 본사에 가면 아예 스스로 새로운 서비스를 직접 론칭해 팀을 꾸릴 결심이었다. 그렇게 썼던 수많은 기획안들 중 하나가 계기가 되어 영선 님은 다시 서울로 왔다.

"사람들이 이 좋은 제주 생활을 접고 왜 다시 밀림으로 가냐고 많이 물어보더라고요. 당연히 저도 두려웠죠. 마흔은 넘었고, 회사에서 날 받아줄 곳은 많지 않고, 그러면 나는 나의 돌파구를 만들어야 하는데, 어떻게 해야 할까."

그때 돌파구로 떠올린 것이 '낯선대학'이다. 낯선대학은 10년 이상 다양한 분야에서 사회생활을 하고 있는 3040이 주축이 되어 일주일에 한 번씩 모여 일과 삶의 경험을 나누는 자리다. 《낯선 사람 효과》라는 책에 나오는 "우리 삶의 큰 변화는 가까운 사람이 아니라 건너 건너 건너 뜻밖의 사람으로부터 온다."는 개념에 영감을 받아 이름을 '낯선대학'으로 지었다.

낯선대학이 사람을 모으는 기본 원리는 각 멤버가 자기 지인의 지인을 끌어들이는 방식이었다. 직접적으로는 서로 모르지만, 느슨하게 연결되어 있다는 느낌을 주는, '건너 건너의 연결, 느슨한 연대' 콘셉트이다.

실제로 지금은 수백 명이 넘는 이들이 낯선대학을 거쳐 갔고, 20대를 위한 '낯선대학 Y'도 생겼다. 낯선대학은 영선 님이 했던 여러 프로젝트들 중에서도 제일 규모가 큰 판짓이다.

"주위를 보면 회사 눈치와 가족의 눈치 같은 과속방지턱 때문에, 해볼 수 있는 여지가 많은데도 불구하고 거기를 못 넘어가는 분들이 많은 것 같아요. 물론 저도 그런 압박이 있었지만, 그래도 그 구간을 다행히 잘 넘겨왔어요. 회사가 늘 옳거나, 언제까지고 나를 책임져줄 수 없음을 생각했을 때 지금 내가 하고 싶고 도전해보고 싶은 게 있다면, 현실에서 가능한 만큼 그걸 시도해보는 게 나에게 손해일 리 없다는 생각이에요."

지켜야 할 선과 함께 지속 가능한 성장

회사가 나에게 요구하는 것과 제공하는 것을 한

번 명확하게 따져보라. 내가 행복한 삶을 살기 위해 필요로 하는 여러 가치들 중 회사가 제공할 수 있는 것과 없는 것을 구분하라. 그러고 나면 '선'을 알게 되고, 선을 넘어오는 부당하거나 과한 요구에 중심을 잡고 대응할 수 있게 된다. 여기에는 꼭 물리적인 시간이나 업무량뿐 아니라 '심리적인 선' 또한 포함된다.

지켜야 할 선은 지키며 각자의 책임을 다하는 관계야말로 가장 지속 가능한 모습이 아닐까? 상대가 해줄 수 없는 것을 기대하고, 내가 해줄 수 있는 것 이상을 약속하다가, 끝내 서로에게 실망하고 억울한 마음을 갖게 되는 것보다 말이다. 일에 있어서도, 관계에 있어서도, 삶에 있어서도 우리는 좀 더 이기적으로 굴어도 괜찮다. 내 중심을 잡고, 책임을 다하며, 선을 지키면서. 그렇게 이기적으로 멋지게 일하자!

"열이면 아홉이 '회사에서 뭐라고 안 해?'라고 물어요.
마치 인생이 회사에 저당 잡혀 있는 느낌?
그런데 어느 순간 회사에서 배신감을 느껴보면,
회사가 늘 옳지만은 않다는 걸 알게 되죠. 회사가 늘 공평하지도 않고요.
회사는 철저히 비즈니스 중심 조직이기 때문에, 그 가운데 누군가는
핵심 인재가 되는 한편 또 어떤 사람들은 소외될 수밖에 없거든요.

1 대학에서 겸임교수로 일하며 '낯선대학'을 운영 중인 영식 님.
2 지인의 지인을 끌어들이는 방식으로 모이는 '낯선대학'.
이미 수백 명이 넘는 이들이 이곳을 거쳐 갔다.
지금은 20대를 위한 '낯선대학Y'도 생겼다.

우리에게는
계속할 수 있는 일이 필요하다

　　로또 1등에 당첨되는 상상을 한 번쯤 해봤을 것이다. 한번 진지하게 이입해보자. 당신이 로또 1등에 당첨되었다면, 지금 하고 있는 일을 계속할 것인가? 만일 아니라면 무슨 일을 하고 싶은가? 아니, 계속 일을 하긴 할 것인가?

'딴짓'을 벌이는 근본적인 이유

　　'일'을 어떻게 정의하는가에 따라서 사람마다 대

답이 달라지겠지만, 어떤 노동도 하지 않을 거라고 대답하는 사람은 아마 많지 않을 것이다. 지극히 개인적인 경험은 차치하고서라도, 나는 사람들이 어떤 종류든 자신이 '할 일'을 필요로 한다고 믿는다. 각자 선호하거나 가장 잘 맞는 일의 방식, 형태는 다를 수 있다. 그러나 자신의 자원을 투입해 산출물을 만들어내고, 성취감을 비롯한 실제 보상으로 자신의 노동력을 인정받고 대우받는 것은 삶에서 꽤 필수적인 요소라고 생각한다.

딴짓 혹은 사이드 프로젝트도 마찬가지다. 이러한 활동을 처우나 업무 환경이 더 나은 곳으로의 이직, 창업 등 커리어 개발이나 수입을 늘리기 위한 수단으로 바라보는 시선이 많지만(실제로 그런 이유로 하시는 분들이 많기도 하다.), 사실 모든 사람이 꼭 이런 이유에서만 딴짓을 하는 것은 아니다. 외부 환경에 덜 구애받으면서 꾸준히 할 수 있는 '나의 일'을 젊은 시절부터 부지런히 찾아보고, 나만의 '지속 가능한 노동 구조'를 구축하기 위한 작업으로 딴짓을 벌이는 것이다.

꼭 반드시 어떤 결과물과 결실로 이어지지 않더라도, 일하는 과정 자체에서 내가 보다 효능감을 느끼고 '지속하고 싶은 마음'과 '향상심'을 느끼는 종류의 일을 부단히 찾아보는 것. 그래서 물질적으로든, 정신적으로든 나를 책임지는 주체가 '나'일 수 있도록 현실의 기반을 닦는 것. 그것이 어쩌면 점점 더 많은 사람들이 자기만의 딴짓을 벌이는 근본적인 이유일 수도 있겠다는 생각이 들었다.

10년차 마케터로 일하고 있는 이승희 님은 브런치, 인스타그램 등을 통해 회사 안팎으로 즐겁게 일하고 노는 모습을 활발하게 기록하고 공유한다. 승희 님의 인스타그램을 꽤 오래 팔로우했던 나는, 이번 프로젝트 키워드가 정해지자마자 승희 님의 이야기를 꼭 싣고 싶다고 생각했다. 열심히 일하는 만큼 치열하게 놀고, 그 모습을 꼼꼼히 기록하여 사람들과 나누면서 그 과정에서 다양한 기회를 만들어나가는 모습을 간접적으로 지켜보았기 때문이다. 실제로 일면식이 있는 사이는 아니었지만, 평소 승희 님의 글이나 게시물을 재미있게 봐왔기에, 인터뷰 요청을 드리게 되었다. 승희 님은 흔쾌히 응해주셨다.

승희 님은 첫 번째 직장을 대전에서 다녔다. 그러다가 서울에 있는 지금의 직장으로 이직하게 되었는데, 서울에서 나고 자란 동료들, 서울에서 대학생활을 한 팀원들과 일을 하려다 보니 경험에서부터 경쟁이 안 되는 것 같다는 생각이 들었다고 한다. 서울에 어떤 페스티벌이 있는지, 재미있는 행사나 프로젝트는 뭐가 있는지 모르니, 그만큼 상상도 기획도 어려웠다고 한다. 그래서 승희 님은 그때부터 주말마다 하던 마케팅 스터디를 접고 미친 듯이 놀러 다니기 시작했다. 회의 때 팀원들이 아이디어나 레퍼런스로 제안하는 이야기들을 이해하고 함께 즐길 수 있을 때까지, 거의 '공부하듯' 놀러 다닌 시간만 5년 정도 됐다.

그러다 보니까 그 과정에서 알게 된 사람들, 알게

된 기회들을 타고 타고 자연스럽게 딴짓을 많이 하게 되었다고 한다. 그렇게 승희 님은 공부하듯 놀면서 독립출판물을 내고, 친구들과 작업실을 꾸며서 작업실 공간에서 플리마켓도 열고, 분야별 마케터들이랑 모여서 마케팅 관련 책도 내고, 매주 목요일마다 친구들이랑 모여 글쓰기 모임도 하며 지낸다.

언뜻 듣기에 '회사에 다니며 이 많은 일들을 어떻게 하는 거지?' 입이 떡 벌어질 수도 있다. 안 그래도 승희 님은 에너지 배분을 어떻게 하냐는 말을 정말 많이 듣는다며, SNS에 업로드하는 포스팅 개수 때문에 더 그런 것 같다고 웃으며 답했다.

"그런데 사실 에너지 배분이나 관리를 따로 하지는 않아요. 재미있으면 그냥 힘이 나는 거 같아요. 저는 오히려 집에 있을 때 축 늘어지는 느낌을 많이 받아요. 배달 음식 시켜 먹고, 영화 보고 누워서 안 일어나고 계속 소화가 안 될 정도로 누워서 먹고 TV 보고 하거든요. 그러니까 그게 건강에 더 안 좋은 거예요. 오히려 밖에 나가서 돌아다니고 사람들 만나면 에너지를 더 많이 받아요. 그게 제 체질인 것 같아요."

시도든 실패든 하루라도 빨리 겪는 것

승희 님에게 이처럼 회사 밖에서 활발하게 딴짓을 하고, 개인 프로젝트를 하는 것에 대해 회사 안 동료들의 시선은 어떤지, 반대로 승희 님은 스스로 동료들의 시선을 얼마나 의식하는지 물어보았다.

승희 님은 사내 커플을 예로 들어 설명했다. 이를테면 사람들이 사내 커플들에게 절대 둘이 연애하는 거 걸리지 말라는 말을 많이 하는데 그 심리의 기저에는, 그 둘이 연애를 하면서 회사 일도 열심히 하고 있을 텐데도, 잠깐이라도 부족한 모습을 보이면 처음으로 나오는 말이 '너 지금 연애하느라 정신 팔려서 그렇다.'가 된다는 걸 모두 알고 있기 때문이라는 것이다. 승희 님 스스로도, 만일 함께 일하는 팀원의 SNS에서 어제 새벽까지 술을 마시고 논 걸 봤는데, 그다음 날 팀원이 너무 피곤해하고 졸기도 하면 '너 어제 그렇게 놀아서 그래'라는 말이 바로 나온다고 했다.

회사 일을 열심히 함에도 불구하고, 회사 밖에서 벌이는 딴짓이나 개인 프로젝트들의 영향력이 조금만 커져도 사람들은 회사 일에 비해 후자의 비중을 훨씬 크게 느끼는 것도 이해가 간다는 얘기였다. "회사 일을 열심히 해도 인정받지 못할 수 있는 리스크가 있는 것 같다."고 승희 님은 이야기했다.

"일을 평균적으로 잘 해내고 있어도 욕을 먹을 수 있는 상황들이 생기는 거 같아요. 제가 그런 일을 겪었다는 건 아니지만 저조차도 제가 그렇게 누군가를 바라볼 때가 있으니까, 그런 시선들에 아예 공감이 안 되는 건 아니죠. 그리고 이런 것들이 동료들한테도 영향을 끼칠 수 있다고 느끼기도 해요. 사실 회사 일 하나만 잘해도 엄청 잘하는 거잖아요. 근데 '나도 뭔가 해야 하나?' 같은, 괜한 박탈감을 줄 수도 있는 거예요. 저조차도, 지금 하고 있는 게 많은데 유튜브를 누가 또 되게 잘하면 초조해지는 마음이 들거든요. 나도 유튜브를 해야 될 거 같고. 오히려 그런 것들이 더 마음이 쓰이죠."

더 이상 회사가 날 책임져주지 못하는 걸 모두가 알고 있고, 40대, 50대가 되었을 때면 새롭게 길을 찾아야 하는 시대가 되었다. 그걸 알고 있지만 뚜렷이 답은 모르는 상황에서 다들 지금부터 무언가 해야 할 것 같은 불안 내지 압박감에 시달리는 것 같다고 승희 님은 말했다. 그렇다면 이런 흐름 속에서, 회사 밖에서 자기만의 일, 딴짓을 이것저것 시도하고 벌여보는 것이 일에 대한 우리의 근본적인 불안을 해소하는 데 도움을 줄 수 있을까? 만일 그렇다면, 어떤 면에서 도움이 될까?

"네, 저는 분명 도움이 된다고 생각하고 이런 딴 짓을 우리가 진짜 많이 해야 된다고 생각해요. 최근에 노홍철 님을 만난 적이 있었는데, 노홍철 님이 그 말을 하는 거예요. 자기 아버지께서 대기업을 나와서 한 60 대 때 정년퇴직을 하시고 이제 퇴직금을 갖고 어떤 사업을 하려고 했는데 사기를 당하셨대요. 그리고 친구랑 동업도 했는데 그것도 잘 안 되셨대요. 근데 회사 일 말고는 그게 당신이 처음으로 시도해봤던 프로젝트였던 거죠. 60대에 태어나 처음으로 회사와 상관없이 자기만의 시도를 했는데 결과가 안 좋으니까 움츠러드시고, 트라우마가 생기셨다고 하더라고요. 노홍철 님은 그 모습을 보고 자라면서, '나는 그냥 완전 어렸을 때부터 해봐야겠다, 다 해봐야 겠다.' 결심을 했대요. 그래서 방송일도 하고 책방도 차리고, 이것저것 경계를 두지 않고 엄청 많이 시도한다고요."

승희 님은 노홍철 님과의 대화에서 많은 인사이트를 얻을 수 있었다. 노홍철 님 역시 20대, 30대 때는 어떤 걸 해보기 위해서 체력을 100% 다 쓸 수 있었지만, 40대가 되니 목도 아프고 허리도 아프고 했다고. 근데 만일 20대 때 여러 시도를 많이 해봤으면, 40대 때는 새로운 시도를 할 때 체력을 50%만 써도 '지난날의 내가 이미 많이 해봐서 이 정도만 해봐도 알겠다.' 하고 감이 오니까 나머지 50%의 체력을 아낄 수 있다는 걸 느꼈단다.

회사가 나를 책임져주지 않는 것도 있지만 내가 무엇이든 조건이 허락할 때 많이 시도하고 실패도 해봐야 앞으로의 내가 어떻게 살아가야 할지, 그다음에 뭘 했을 때 겁내지 않고 '아, 이거 나 옛날에 해봤는데 이 정도 해보니 뭔지 알겠다.'라고 맥락을 파악하기가 쉬워질 것이다.

"저는 진짜 많이 해봐야 된다는 주의고요. 지금 내가 재미난 걸 하고 싶은 마음이 꿈틀거리는 분들이라면 그냥 바로 해야 된다고 생각해요."

내가 무엇이든 조건이 허락할 때 많이 시도하고 실패도 해봐야
앞으로의 내가 어떻게 살아가야 할지, 그다음에 뭘 했을 때 겁내지 않고
'아, 이거 나 옛날에 해봤는데 이 전도 해보니 뭔지 알겠다.'라고
맥락을 파악하기가 쉬워질 것이다.

1 10년차 마케터로 일하고 있는 승희 님은 공부하듯 놀면서 독립출판물을 내고,
친구들과 작업실을 열어 플리마켓도 열고, 글도 연재하며 다양한 발짓을 벌이고 있다.

회사와 내가 공존하는 법

사이드 프로젝트나 회사 밖 딴짓을 활발히 하면 그만큼 회사 일에 대해서는 덜 마음을 쓸 것이라는 편견은 지금까지도 꽤 공고하다. 사실 여부를 떠나서 그렇게 생각하고 보는 경향이 있다. 하지만 실제로 인터뷰를 하면서 보니, 회사 밖에서 자기만의 일을 벌이고 활발하게 딴짓을 하는 분들이 회사를 무척 애정하는데다가, 회사에서 맡은 일에 대해서도 평균 이상의 책임감 있는 모습을 보였다. 이를테면 인터뷰이들은 공통적으로 이렇게 이야기했다.

"회사생활만 할 때는 열심히 일하는 것에 비해 알아주는 사람도, 돌아오는 것도 없는 것 같다는 마음이 들어 쉽게 억울하고 서운해졌다. 그런데 회사가 주는 안정성을 기반 삼아 회사 밖에서 내가 해보고 싶었던 일을 조금씩 병행하니, 오히려 회사가 제공하는 가치, 그리고 내가 회사에 다해야 하는 책임이 더 뚜렷해졌다."

딴짓의 여부가 아니라 프로페셔널의 문제다

회사생활에 만족하면서도 다양한 활동을 벌이는 직장인들이 많아지는 이유는 무엇일까. 유튜버 직장인 시연 님은 꽤 명쾌하게 답했다.

"회사에 출근하게 되면 딱 일주일 안에 그걸 느끼죠. '이 짓을 몇 십 년 해야 된다고?' 제 생각에 인간은 기본적으로 새로운 것에 흥미를 느끼고 탐구하는 존재 같아요. 우리가 특정한 조직에 몇 십 년간 소속되어 일하기 위해 사는 게 아니잖아요. 내 에너지를 나를 위해 쓰고자 하는 욕구, 계속해서 새로운 시도를 하고자 하는 욕구가 우리 안에 분명 있어요."

그 욕구에 솔직하게 반응하고, 내가 할 수 있는 것을 하며 활력과 효능감을 느끼고 거기에서 얻은 에너지를 다시 나의 회사생활에 투입하는 것. 이러한 선순환 구조를 만드는 것에 유독 우리 사회가 보수적이거나 삐딱한 시선을 보내는 이유는 무엇 때문일까?

이러한 주제로 이야기 나누기를 위해, 상현 님을 찾아갔다. 상현님은 내가 전 직장에서 함께 일했던 분으로, 함께 일하는 동안 일을 대하는 태도, 관점 등을 지켜보며 많은 영감과 아이디어를 얻었다. 상현 님은 회사생활과 동시에 기고, 번역, 강의 등 다양한 일들을 병행하고 있는데, 그 많은 일들을 한꺼번에 해내면서도 늘 여유를 잃지 않고 업무 리듬을 잘 지켰다. 그 모습을 보고 나중에는 나도 저런 어른이 되고 싶다고, 조금 웃

기지만 나름 비장한 다짐을 제법 여러 번 했더랬다.

상현 님은, 회사를 다니면서 개인 프로젝트를 활발히 하는 것과 회사 업무를 제대로 안 하면서 다른 일을 하는 것은 엄격하게 구분해서 말해야 한다고 했다. 이는 기본적인 프로페셔널리즘 문제이지, 사이드 프로젝트와 관련된 문제는 아니라는 것이다.

"어떤 사람이 조직에서 맡은 일을 잘 해내고 있음에도, 그 이상의 충성을 요구하는 것은 룰을 어기는 일이죠. 이건 사실 그렇게 애매하지 않아요. 누군가 회사에서 자신의 몫을 다하고 있는지 여부는 퍼포먼스로 나타나기 때문에, 아주 어려운 문제는 아닌 거죠. 다만 진짜 어려운 문제가 있는데 그건 바로 그 '맡은 일'의 범위, '약속한 책임'이 어디부터 어디까지냐 하는 것이에요. 애초에 팀에 합류할 때 팀에서 이 사람에게 요구하는 몫과 기대치에 대한 선이 상호간에 분명하게 정해져 있고 공유되는 것이 가장 이상적이지만, 대부분의 기업들은 이 선이 매우 애매해요. 이 사람의 모든 시간과 에너지와 충성 그리고 잠재력까지 다 원하는 식이죠."

물론 정말 팀원들이 시간을 쏟으면 쏟을수록, 최선을 다했을 때 개인도 크고 조직도 같이 크는, 그런 종류의 목표를 갖고 있는 조직은 분명히 존재한다. 같은 조직도 시기에 따라서 다를 수 있다. 예를 들면 초기 스타트업 시기에는 어쩔 수 없이 조직원들의 충성을 더 많이 요구하는 경향이 있다. 하지만 그건 조직 입장에서 구성원에게 급여 이상의 노동력을 요구하는 것이므로, 지분을 셰어하는 식으로 보상을 약속한다. 혹은 초기 스타트업이 빠르게 성장하는 경험에서 얻을 수 있는 것들이 꼭 물질적인 게 아니어도 충분히 가치 있다고 판단한 팀원들이 합류하는 식일 거다.

"여기서 중요한 건, 그 조직에 들어갈 때 조직과 조직 구성원이 둘 다 충분하게 그 부분에 대해 이해와 합의를 해야 한다는 점이에요. 조직도 지금 우리가 필요한 사람이 누구인지, 우리 조직은 어떻게 일해야 하는지 잘 이해하고 있으면서 그걸 구성원들에게 사전에 충분히 설명하고 합의해야 할 의무가 있는 거죠."

그런 의미에서 상현 님은, 개인이 자신이 어떤 사람인지를 파악하지 못하는 것도 비극이지만, 조직(회사)이 스스로 어떤 특징을 가진 조직인지를 파악하지 못하는 것도 큰 비극이라고 말했다.

"우리의 삶은 과거와 미래 딱 그 중간에 있잖아요. 어떤 조직도 완벽하게 우리가 생각하는 미래의 조직이 될 수는 없는 건데, 이 한계 내에서 지혜롭게 같이 살기 위해서는 궁극적으로 조직도 스스로 어떤 조직인지 알아야 되고 조직 구성원도 자기가 어떤 사람인지 알아야 행복한 결론이 나오지 않을까 생각합니다."

세상이 정해준 대로만 일할 필요는 없다

회사를 3곳이나 다니면 어떨까? '아르바이트를 여러 개 하는 거랑 비슷할까?'라고 생각해볼 수도 있지만, 회사생활은 더 많은 권한과 책임이 주어진다는 점에서 같은 종류의 문제는 아닐 것이다. 내가 할 수 있는 만큼을 나 스스로 설정하고, 그에 대해 주체적으로 조직과 협상하여, 각각의 팀에서 내가 맡는 자리를 적극적으로 조율하며, 여러 곳의 '팀원'이 되어 회사생활을 하는 것. 상상이 가는가?

제법 그럴싸하게 들린다고 생각하는 사람이 있는

가 하면, 이런 생각이 무척 낯설게 느껴지거나 머리로는 이해가 되면서도 현실에서 그게 가능한 건지 무턱대고 의심부터 드는 사람도 있을 것이다. 그렇다면 이 질문들도 함께 생각해보자.

일주일에 5일 일하는 것은 누가, 왜, 어떤 근거로 정했는가? 왜 우리는 거기에 따르고 있을까? 주 52시간제는 어떤 기준에서 '적정 노동 시간'이라고 여겨지는가? 왜 '한 곳'에 소속되어야 할까? 겸업을 하는 것에 대해서 왜 우리는 회사 눈치를 봐야 할까?

떠오르는 대답들이 있을 것이다. 그 대답들은 온전히 당신의 것인가? 오래전부터 이유는 모르지만 그렇게 생각해왔던 것뿐인지, 정말 내가 옳거나 나에게 좋기 때문에 그렇게 생각하고 있는지 한번 짚어보자.

우리는 세상이 정해준 대로 일하고 있다

우리가 지금 당연하다고 생각하고 있는 것들은 말 그대로 '지금의 표준'일 뿐, 우리에게 '가장 좋은 방법'은 아니다. 각자가 가능성을 가장 잘 발휘하며 자기만의 방식대로, 빠른 변화에 유연하게 대응하기 위한 전략인가 하면 그것도 아니다. 조금 세게 말하면, 우리는 단지 '세상이 정해놓은 대로, 세상이 정해준 대로' 일하고 있는 것이다.

희열 님은 '배태랑'이라는 이름으로 캘리그라피와 그림을 그리면서, 2개의 회사에 소속되어 일하고 있다. 한 곳은 대안 사교육 회사이고, 다른 회사는 어린이 책을 만드는 회사다. 아이들을 가르치는 일을 하는 동시에 행정 지원 업무도 하고, 그림도 그리며, 글씨를 그려 팔기도 한다. 희열 님과는 대학 동문인데, 서로 직접적으로 아는 사이는 아니었지만, 가까운 친구를 통해 종종 소식을 접하곤 했다. 마침 친구에게 해시온 프로젝트를 소개해주자 인터뷰이로 좋을 것 같다며 희열 님을 추천해주었다. 인터뷰를 위해 희열 님의 작업실에 찾아 가 그를 처음 만났을 때, 무척 섬세한 사람이라는 인상 을 받았다. 직접 해온 작업이나 회사에서 하는 일에 대 해 설명할 때는 나긋나긋하지만 힘 있는 목소리로, 생 각을 차분히 풀어주셨다.

작업 활동을 하는 일은 비교적 자신이 스케줄 관 리 등을 유연하게 할 수 있는 일이지만, 두 곳의 회사 에 소속된 채로 이 모든 일을 다 하는 것은 어떻게 가능 할까? 무엇보다 희열 님이 속한 각각의 회사에서는 이 처럼 여러 곳에 소속되어 있으면서 다양한 활동을 하는 희열 님을 어떻게 생각하는지 궁금했다. 희열 님께 양 쪽 회사가 위와 같은 근무 조건에 대해 동의해준 것인 지 물었다.

"네, 회사 면접 볼 때 분명히 말씀드렸어요. 제가 지금 하고 있는 일에 대해, 그리고 지금 지원한 이 일을 제가 어떻게 생각하고 있고 어느 정도 무게로 여기고 있는지에 대해 솔직하게 말씀드렸어요. 제가 저의 상황을 충분히 설명하고, 회사에서 필요한 것과 제 상황이 잘 맞을 수 있다는 점을 솔직하게 어필했어요."

어떻게 생각해보면, 다소 피곤한 일일 수도 있다. '표준'을 따르지 않기로 결정한 순간, 모든 것이 협상 혹은 조율의 대상이 되기 때문이다. 안정성과는 거리가 멀어지는 것은 물론이다. 싫은 소리를 듣거나, 괜히 일을 벌린다는 눈총을 받을 수도 있으므로, 외로운 일일 수도 있다. 희열 님에게 지금 생활이 얼마나 만족스러운지 물었다.

"제가 하는 일 중에 수동적으로, 혹은 억지로 하는 일은 전혀 없어요. 주체적이라는 게 내가 하고 싶은 방향을 고민할 여유가 있다는 뜻이라면, 저는 80% 이상 주체적으로 살고 있어요. 근데 그런 건 있죠. 회의가 9시면, 9시까지 가야 한다. 뭐 그게 주체적이지 않다고 생각할 수도 있는 거고, 아니면 약속은 같이 정하는 거고 그 약속을 지키는 거니까 여전히 주체적이라고 볼 수도 있는 거잖아요. 후자의 마음이 제 마음인 것 같아요. 해야 하는 일은 많지만, 다 내가 하고 싶어서 하는 거다. 그러면 어떤 일을 왜 하든 그 자체로 충분히 주체적인 선택이고 일상이라고 볼 수 있지 않을까요?"

갈증을 채우며 이루는 즐거운 균형

다양한 이들이 n잡을 하거나, 어엿한 본업이 있고 거기에 만족하는데도 굳이 '나만의 일'을 새롭게 발굴하고 벌이는 이유로 '재미'를 꼽았다. 부수입이 생겼을 때의 즐거움도 있지만, 사실 딴짓이나 사이드 프로젝트는 시작 단계에서는 거의 돈이 되지 못하고, 오히려 돈을 써가면서 해야 하기 때문에 '돈 때문에'를 1순위로 꼽은 분들은 많지 않았다. 일단 '재미있고 봐야 하는' 것이다.

세상이 정해준 방식대로 일하다가 처음으로 내가 혼자서 일을 벌여보니, 고단하긴 한데 재미가 있더라. 지금 하고 있는 일이 가진 장점도 있지만 동시에 갈증이나 결핍을 느끼고 있던 부분도 있었는데, 그것이 점점 커져서 결국 일을 그만두거나 번아웃이 오는 지경까지 가지 않고도 딴짓으로 갈증을 채우며 충분히 즐거운 균형을 만들어낼 수 있더라. 그런 이야기들이었다.

초등학교 교사로 일하고 있는 수진 님은 동료 교사들과 '아웃박스'라는 젠더 교육 연구회를 만들었다. 그곳에서 책을 내고 젠더 교육과 관련된 새로운 강의 자료를 만들며, '월경 수다회' 같은 즐거운 이벤트들을 벌인다. 처음 프로젝트를 시작할 때는 소속 학교가 보수적인 분위기였던 탓에 의미 있는 일을 하는 것임에도 응원은커녕 오히려 '너희가 뭔데?' 같은 시선을 많이 받았다고 한다.

"아버지 상담의 날을 학교에서 진행한 적이 있었

는데요. 학부모 상담을 하다 보니까 학기 때 학부모들 중에 전부 다 어머님만 오시는 거예요. 100% 어머님들만. 그래서 학기 때는 아버지 상담을 한번 해보자, 그래서 아버지들께 문자를 보내고 '이번에 아버님들이 오셨으면 좋겠어요.' 하면서 아버지 상담을 진행하려고 했어요. 근데 학교에서 '왜 너네가 뭔데 가정 일에 간섭하냐.', '아버지들만 상담을 오라고 이야기한 게 말이 되냐.' 하면서 굉장히 뭐라고 하셨거든요. 하지만 진행했어요. 그랬더니 학기 때는 스무 분의 아버지들이 다 오셔 가지고 상담을 하고 가셨거든요. 반응도 너무 좋았고요. 그래서, 소신껏 우리가 잘했다는 생각이 들더라고요."

주위 시선이 녹록지 않은 데다가, 그렇다고 월급이 더 나오거나 이 자체로 돈이 벌리는 것도 아니고, 퇴근 후 개인 시간을 쪼개면서 해야 하는 이 활동이 혹 지치지는 않을까? 수진 님은 체력으로만 따지면 지치는 게 맞지만, 두 가지 공을 함께 굴려보고 나니 어느 한쪽도 놓칠 수가 없다고 말했다. 그래서 병행하기 위한 체력을 기르는 쪽으로 전략을 수정했다고. 만나는 날이면 5시간 동안 아웃박스 이야기를 하고 헤어져서 녹다운이 되지만, '이걸 왜 계속해야 할까?'라는 질문에는 항상 '재미있으니까!'라는 답이 떠오른다고 했다.

"초등학교 교사가 굉장히 갇혀 있는 직업이거든요. 교실에서 우리 반 학생들이랑만 있잖아요. 그래서 옛날에는 교실이 교사의 왕국이라고 이야기할 때도 있었어요. 마음만 먹으면, 내가 하고 싶은 대로 할 수 있으니까. 어떻게 보면 굉장히 자기만의 세상에 갇혀 있게 되는 거예요. 발전도 좀 없는 거 같고. 종업 후 아이들을 한 학년 위로 올려 보내고 나면 좀 허무해요. 내가 1년 동안 뭘 했을까 이런 생각도 들고 아이들은 기뻐서 올라가는데 저는 되게 좀 슬프기도 하고 허무한 마음이 많이 들거든요. 근데 아웃박스를 하면서는 어찌 됐건 계속 새로운 프로젝트를 제가 구상하고 계획하고 그걸 실천해나가는 역할이 생긴 거니까, '아, 내가 스스로 발전하는구나.'라는 생각을 계속하게 되더라고요. 제가 이제 7년차인데 번아웃이 왔었거든요. 너무 똑같이 일상이 반복되다 보니까 지치기도 하고, 수업 준비도 안 하고 그냥 교과서 있는 거 그대로 수업하고 그랬는데 아웃박스 하면서는 내가 이런 수업도 할 수 있구나, 조금 더 연구하면 아이들이 정말 재미있어 하는 수업을 할 수 있겠구나, 이런 자신감이 생기면서 좀 더 본업에서 충실하게 되고 수업도 더 열심히 준비하게 됐어요."

'의미'와 '재미'가 적절히 버무려질 때

수진 님은 아웃박스 외에도 독서모임 기반의 커뮤니티 서비스 스타트업 트레바리에서 파트너로 활동하고 있다. 독서모임이 운영되는 한 시즌 동안 모임이 잘 운영될 수 있도록 멤버들을 케어하고, 모임을 주관하는 역할을 맡는다. 한 달에 한 번 모이고 모임 외에도 번개나 여러 활동이 열리는 것을 고려하면 시간과 에너지를 꽤 투입해야 하는 일이다. 교사 일과 아웃박스 활동을 병행하는 것만으로 이미 포화가 아닐까 했는데, 꽤 오랜 시간 동안 트레바리 활동을 즐겁고 능동적으로 해내신 걸 보고 어떻게 그럴 수 있었을까 궁금했다.

"저는 제 우주가 지금 제가 있는 이 교실만큼밖에 안 된다는 생각이 들었어요. 제 세계가 점점 더 작아진다는 생각이 들었을 때 트레바리를 우연히 하게 됐고, 트레바리에 나가서 다른 사람들을 만나보니까 제가 몰랐던 세상이 너무 큰 거예요. 한번 일을 시작하고 어떤 업계에 몸담기 시작하면, 그 밖에 있는 사람들을 한 공간에서 만나 주기적으로 대화 나누기가 쉽지 않잖아요. 근데 트레바리는 그렇게 다양한 사람들이 모여서 자신의 생각을 이야기하고 다양한 자신의 경험대로 이야기해요. 제가 몰랐던 세상이 진짜 많다는 걸 깨달을 수밖에 없었죠."

수진 님의 말을 들으며, 우리는 '의미'와 '재미'가 적절히 버무려질 때 비로소 그 일에서 지속 가능성을 발견할 수 있는 생각이 들었다. 다만 그것을 하나의 일에서 동시에 찾을 수도 있지만, 여러 일을 병행하며 적절한 균형점을 찾을 수도 있다는 것.

일의 방식이나 온갖 종류의 '작당모의'에 대하여 좀 더 다양하게, 열린 마음으로 생각해보면 어떨까.

"수동적으로, 억지로 하는 일은 전혀 없어요.
주체적이라는 게, 내가 하고 싶은 방향을 고민할 여유가 있다는 뜻이라면
저는 80% 이상 주체적으로 살고 있어요.
해야 하는 일은 많지만, 다 제가 하고 싶어서 하는 일들이죠.
어떤 일을 하든 이렇게 생각하면
그 자체로 충분히 주체적인 일상이라고 볼 수 있지 않을까요?"

1 회열 남은 배테랑이라는 이름으로 캘리그라피와 그림을 그리면서,
   이면으로는 2개의 회사에 소속되어 있다.

2 조등학교 교사로 일하고 있는 수진 님은 동료 교사들과
   아동복지 라는 선민 교육 '결과물을 만들어 활동 중이다.

아무도 나를 책임져주지 않지만,
그게 꼭 나쁜 건 아니야

정년퇴직이라는 말이 아마도 빠르게 사라져갈 이 세상에서, 각자가 프리랜서처럼 개인기를 발휘해 자기 살 길을 마련해야 한다는 취지의 책과 영상, 강연 등의 콘텐츠가 하루가 멀다 하고 쏟아져 나온다. 어떻게 하면 좋을지 뚜렷이 답을 갖고 있는 사람은 아무도 없지만, 문제의식을 갖고 '이대로 괜찮은 걸까?' 질문을 던지는 사람은 기하급수적으로 늘고 있는 셈이다. 그렇다면, 40대, 50대가 되었을 때 조직의 힘을 빌리지 않고도 자립할 수 있고 지속 가능한 노동을 할 수 있으려면 지금 우리에게는 어떤 고민과 어떤 질문이 필요한 걸까?

회사가 나를 책임져줄 수 없음을
본능적으로 아는 세대

내가 평생 재미있어할 수 있고, 오래 열렬하게 애정할 수 있는 일을 찾는다면 그것이 곧 내가 계속해서 경쟁력을 유지할 수 있고, 즐겁게 발전을 거듭할 수 있는 가장 빠른 길이겠다는 생각이 들었다. 이직, 창업, 프리랜서 등은 그야말로 '수단'일 뿐이다. 내가 평생 나를 책임지기 위해 어떤 일에서 나의 전문성과 경험을 쌓아나갈 것인지, 거기엔 뭐가 필요한지 등을 탐색하는 일이 더 중요하다.

릴레이로 이어지는 인터뷰들을 마쳐갈 무렵 나는 누구도, 어떤 조직도 나를 책임져주지 않는다는 기존의 문제의식에 더해, 이런 생각을 하게 됐다.

'하지만 그게 꼭 나쁜 건 아니야.'

미래를 준비하고 대비할 시간과 기회가 주어진다면, 사람마다 자립하기 위해 추구하는 스타일과 방식이 다 다를 수 있음을 사회에서 보다 포용한다면, 오히려 이 과도기를 거쳐 개개인에게는 더 즐겁고 풍요로운 '일'의 세계가 기다리고 있을지도 모른다고.

상현 님 또한 요즘 직장인들의 고민이, 이전 세대의 고민과는 분명히 구분되는 종류의 것이라고 말했다.

"직장이 더 이상 나의 평생을 책임져주지 않는구나. 그럼 나는 어떻게 살아야 할까. 이 고민은 개척자들의 것이라고 생각해요. 그러니 '왜 나한테 답이 없지?'라고 생각할 필요가 없어요. 우리는 이전 세대가 안 가본 지점에 도달했고 여기부터는 개척의 영역이죠. 그렇다면 '왜 답이 없지?'가 아니라 '자, 답은 뭘까?'라고 질문을 바꾸면 돼요. 지금의 주니어 직장인들이 딱 그 시점에 있는 분들이라고 생각하고요. 사회가 달라지고 세상이 달라졌다는 걸 지금 온몸으로 느끼는 세대이기 때문에 그걸 더 적극적으로 고민할 겁니다."

아마 이러한 변화의 흐름을 감지하면서도, 당장 뭘 어떻게 해야 될지 몰라서 막막해하는 사람이 많을 것이다. 나부터도 10년, 20년이 지나더라도 계속해서 즐겁게 일할 수 있고, 여러 선택지를 가질 수 있으려면 지금의 나는 뭘 해야 할까 고민이 많기 때문이다. 여러 종류의 일들을 병행하며, 자신의 자리를 잘 구축해나가고 있는 상현 님은 어떤 식으로 역량을 계발하고 기회를 만들어왔을까.

"그다지 결정적이지 않아 보이지만 그래도 어떤 기회가 주어졌을 때 거기에 최선을 다하고 잘하려고 하는 태도. 그런 것들이 그 다음 기회를 만드는 거 같아요."

상현 님은 영화 '로드 오브 워' 이야기를 꺼냈다. 이 영화에서 니콜라스 케이지는 무기밀매상으로 나오는데, 이 캐릭터는 영화에서 나쁜 일들을 많이 한다. 그리고 이 사실을 와이프한테 비밀로 하다가, 영화 중간에 결국 들통이 난다. 와이프가 "돈 때문에 그러냐, 도대체 왜 이런 나쁜 일을 하냐."고 니콜라스 케이지에게 묻는데, 여기서 그의 대답이 명대사다.

"Honey, But I'm good at this."
(여보, 내가 이걸 정말 잘하는데 어떡해.)

"실제로 무기밀매상을 하려면 굉장히 여러 기술이 필요하잖아요. 딜을 잘해야 되고 겁도 없어야 하고, 그렇게 하다 보면 이 사람에게 다른 모든 직장인들이 안 가진 어떤 요소들의 조합이 필요할 거잖아요. 정말 자기가 그 요건에 부합하기 때문에 그 일을 좋아한다는 것. 굉장히 흥미로운 대목이죠. 전 그 느낌이 너무 잘 와 닿은 게, 내가 정말로 잘하는데 이게 나한테 왔어, 어쩔 거야, 내가 정말 잘하는데! 물론 이게 가능하려면 운이 좋아야 하기도 하지만, 그보다는 '자기한테 솔직한 사람'이어야 한다고 생각합니다. 저는 그런 기회들은 누구한테나 한 번쯤 온다고 생각해요. 내가 정말 잘할 수 있는 일, 잘하는 일. 근데 그 시점에서 내가 다른 일을 하고 있다면 자기도 모르게 그 기회에 70~80%만 쏟게 되거든요. 근데 기회가 왔을 때 내 지난 히스토리와 상관없이 새로운 기회에 100%를 쏟아부어 보고 어떤 일이 일어나는지 보는 태도. 저는 그게 진정한 그 'Opportunist'의 자세라고 생각합니다. 빠른 변화를 견디며 죽을 때까지 일을 해야 하는 사람들한테 잘 맞는 자세일 거라고도 생각하고요."

어차피 받아들여야 할 변화라면, 언젠가 생각해봐야 할 문제라면 너무 많이 미루지 않는 게 좋다.

당장 3년 후, 5년 후가 아니라 30년 후, 50년 후에도 계속해서 일할 수 있으려면, 그것도 생계유지를 위해서가 아니라 내가 쌓은 경험과 전문성을 발휘하며 보다 '나답게' 일할 수 있으려면 우리는 지금 어떤 고민을 해야 할까? 아니, 어떤 고민과 '실행'을 해야 할까? 누구든 처음부터 홈런을 칠 수는 없으니, 어떤 기회와 가능성이 다가올지를 기대하며 언제든 그 기회에 기민하게 반응할 수 있도록 몸을 풀고 있는 게 좋지 않을까?

"직장이 더 이상 나의 평생을 책임져주지 않는구나.
그럼 나는 어떻게 살아야 할까. 이 고민은 개척자들의 것이라고 생각해요.
그러니 '왜 나한테 답이 없지?'라고 생각할 필요가 없어요.
내가, 우리가, 이전 세대가 안 가본 지점에 도달했고
여기부터는 개척의 영역임을 알면 '왜 답이 없지?'가 아니라
'자, 답은 뭘까?'라고 질문을 바꾸면 돼요."

1 상허 님은 작가 겸 칼럼니스트로 활동하며 번역, 강의 등 다양한 활동을 병행하고 있다.

적당한 거리에서
회사를 '좋아하는,' 방법

PART 03

누구에게나 필요한 생산의 시간

번듯한 직장에 다니며 먹고살 걱정이 없고, 업무 강도가 낮은 편도 아닌데 그럼에도 자꾸 자기만의 일을 벌이는 사람들이 점점 더 많아지고 있다. 실제로 네이버 데이터랩스에서 사이드 프로젝트에 대한 통계를 보면, 2017년 이후로 검색량이 꾸준히 증가했다. 독서모임 스타트업인 트레바리에도 직장인의 사이드 프로젝트를 주제로 한 클럽이 여럿 열려 있고, 여자들을 위한 커뮤니티 서비스 '헤이조이스'에서도 사이드 프로젝트를 장려하는 커뮤니티 이벤트가 활발한 상황이다. 다들 왜 이렇게 '딴짓 벌이기'에 관심이 많은 걸까?

그들은 왜 일을 자꾸 벌이는 걸까

첫째, 젊은 세대는 회사가 자신의 10년 후, 20년 후를 책임져줄 수 없음을 본능적으로 알고 있다. 회사의 권위를 자신의 권위로 착각하지 않고, 회사를 위해 자신의 사적인 생활을 기꺼이 희생해야 한다고도 생각하지 않는다. 워라밸의 정의와 척도를 자신이 설정하거나 선택할 수 있음을 안다. 애초에 '기본 값'이 다른 이 세대는 회사 밖에서 자신이 설 자리를 구축하고 일구는 데 관심이 많다. 회사에서 인정받아 성공하는 것만이 커리어의 전부가 아님을 알고, 회사와는 직접 관련이 없지만 자신이 관심이 있는 것을 시도하고 실험해 보는 수단에 대한 흥미와 관심이 높다.

둘째, 사이드 프로젝트는 사는 낙이 필요한 직장인의 새로운 여가활동이다. 직장생활을 하며 늘 같은 사람들을 만나고 비슷한 루틴으로 생활하는 데 싫증이 나거나 무료함을 느낄 때, 사이드 프로젝트를 통해 삶의 활력을 되찾을 수 있다. '새로운 사람을 만나고 적당한 자극을 얻게 해주는' 좋은 기회인 셈이다. 작고 가벼운 형태로 시도하기 때문에 회사생활에 크게 지장을 주지 않으며 지금의 일상과 병행할 수 있고, 자신의 관심사에 맞는 프로젝트를 추진하며 맛보는 '작은 성공'들로 자기효능감과 성취감을 느끼게 해준다. 소셜 미디어를 통해 다양한 사이드 프로젝트 사례와 팁 등이 공유되면서 관심만 있던 직장인들에게 심리적 진입장벽이 많이 낮아진 것도 한몫을 했다. 오히려 너무 많은 정보가 올라오면서 피로감을 느끼는 사람들이 있을지언정, "그걸 내가 어떻게 해?"라는 사람들은 예전보다 훨씬 줄어들었다.

셋째, 사이드 프로젝트는 언젠가 내 사업을 하고 싶다고 생각하는 많은 이들의 가설 검증 수단이다. 자기만의 사업을 하기 전에 리스크를 최대한 줄이고 좀 더 안전한 환경에서 미리 시행착오를 경험하기 위한, 'pre-창업' 같은 느낌이다. 이 경우 사이드 프로젝트는 회사를 그만두지 않더라도, 할 수 있는 만큼씩만 병행하며 자신이 바라는 모습 가까이로 갈 수 있게 하는 징검다리 역할을 한다.

이 모든 걸 아우르는 것은 '생산의 욕구'다. 기본적으로 우리 모두에게는 생산에 대한 욕구가 있다. 그건 온전하게 '나의 것'으로 여길 수 있는 일을 손에 쥐고자 하는 욕구다. 수많은 직장인들이 브런치에 자기 채널을 열고, 독립출판 워크숍을 듣고, 바리스타 자격증을 따거나 도자기를 굽고, 요가·필라테스 지도자 과정에 기웃거리게 되는 이유도 여기에 있다. 모두 각자만의 '생산욕'을 가지고 있으며, 그것은 사람에 따라 다양한 형태로 발현된다.

회사에서 우리는 대개 '생산적으로' 일할 것을 요구받는다. 하지만 '생산적으로 일을 하는 것'과 '나의 것을 생산하는 일'은 다르다. 물론 운이 좋게도, 회사에서 생산적으로 일을 하며 동시에 자신의 생산 욕구가 충족

된다고 느끼는 경우도 있을 것이다. 하지만 그렇지 않은 이들도 있다.

중요한 것은 이것이 옳고 그름의 문제가 아니라, 각자 가진 가치관과 처한 상황에 따라 언제든 변할 수 있으며 조율 가능한 옵션임을 이해하는 것이다. 우리는 현재 자신이 속한 회사에서 충족할 수 있는 욕구와 그럴 수 없는 욕구를 정확하게 구분해서 이해하는 태도를 연습해야 한다. 나의 전반적인 일 만족도를 높이는 데에 회사와 회사 밖 일들이 각각 어떤 영향을 미치는지 알아야 보다 정확한 목적과 목표를 갖고 '나의 일'을 구상해볼 수 있기 때문이다.

회사를 '좋아하는' 사람들

인터뷰를 하며 신기하기도 하고 반갑기도 했던 점
이 있는데, 그건 바로 프로젝트를 준비하며 만났던 대부
분의 인터뷰이가 자신의 일을 좋아할 뿐 아니라 소속되
어 있는 회사를 좋아한다는 점이었다.

승희 님의 말에 따르면 회사는 좋은 동료를 만나
게 해주는 곳이자 내가 좋아하는 일을 더 잘할 수 있게
끔 기회를 제공해주는 곳이다.

원섭 님이나 희열 님 말대로 안정적인 수입을 보

장해주는 회사가 있기에 오랜 기간 실력을 갈고닦아야 하는 꿈도 꿔볼 수 있다.

시연 님이 말한 대로 유튜브 일과 회사 일을 병행함으로써 한쪽에서 스트레스를 받을 때면 다른 쪽에 집중해 의식적으로 압박을 배분할 수 있다.

내가 만난 분들은 회사에 무리한 것을 기대하지 않지만, 자신이 필요한 것을 회사가 어떤 식으로 충족해주는지, 그를 위해 나는 회사에 어떤 기여를 해야 하고 하고 있는지를 꽤 정확하게 이해하고 있었다. 정확한 이해 다음에는, 높은 확률로 애정 혹은 인정이 따라오기 마련이다.

위에 언급된 인터뷰이들의 답을 듣고 있노라면 그들 삶에서 회사가 적절한 크기로, 그들이 감당할 수 있고 또 주체적으로 선택한 만큼 자리를 잡고 있는 느낌을 받는다. 회사라는 존재가 삶에서 너무 비대해지도록 두지 않으면서도, 회사가 삶에서 차지하고 있는 중요한 역할을 충분히 인정하고 존중한다. 그를 위해 자신이 다해야 하는 몫에도 솔직하고 책임감 있는 태도를 보인다.

맞다. 사실 '회사를 좋아하는가' 여부는 크게 중요하지 않다. 다만, 내 능력으로 할 수 있는 일과 회사에 있음으로써 할 수 있는 일을 구분해서 생각할 줄 알고, 내가 윤택한 삶을 살기 위해 필요한 것들 중 회사는 무엇을 충족해주고 있는지, 그 대가로 나는 회사에 어떤 식의 가치를 제공하고 있는지 정확하게 인지하는 능력이 중요할 뿐이다.

물론 자기 자신의 필요를 구체적으로 이해하는 일이나, 회사와 나의 관계를 정확하게 인지하는 일의 난이도는 꽤 높다. 그렇게 복잡하게 생각하느니 '회사 짱', 혹은 '회사 너무 힘듦' 정도로 스탠스를 취하는 것이 훨씬 편하기도 하다. 하지만 우리가 일을 잘, 열심히 하려는 노력의 10분의 1만 떼어다가, 나와 회사가 어떤 관계를 맺고 있으며 장기적으로 내가 건강하고 오래 일할 수 있기 위해서는 어떤 식의 목표를 세우고 노력을 기울여야 하는지 고민한다면 아마 10년 후, 20년 후가 훨씬 덜 막막하지 않을까?

각각 독립적일 때 건강할 수 있다

나는 첫 회사생활을 스타트업에 투자하는 액셀러레이터에서 시작했고, 두 번째 직장은 스타트업으로 이직했다. 내가 경험한 바에 따르면 스타트업계에서는 어떤 사람도 한 회사에서 5년, 10년 있으리라고 생각하지 않는다. 내가 속한 팀이 언제라도 없어질 수 있고, 엄청나게 급속 성장을 할 수도 있음을 인지한 채로 팀에 합류한다. 결국 팀의 성공 가능성에 자신의 커리어와 삶을 배팅하는 것이다.

그래서 좋은 팀을 고르는 안목도 중요하지만 그 팀의 성장에 내가 어떤 기여를 할 수 있는가도 냉정하게 살피게 된다. 빠르게 성장할 만한 팀인가와 동시에 그 성장에 내가 어떤 기여를 얼마만큼 할 수 있을 것인가를 함께 고려하는 것이다. 그 고민의 내용에 10년 후, 20년 후에 회사가 나에게 뭘 해줄 수 있을지, 내 연봉은 얼마나 될지와 같은 것들은 없다. 애초에 그때 이 회사가 존재하고 있을지 조차 불투명하기 때문이다. 대기업이나 은행권에 취업한 친구들이 10년 후, 20년 후 자신의 연봉과 처우까지 정확하게 알고 있으며 그 정보를 직장 선택 기준에 유용하게 활용하는 것과 비교해보면, 이는 엄청난 차이다.

어느 쪽이 더 옳거나 뛰어나다는 말을 하려는 것은 아니다. 다만, 스타트업계에서는 각 개인이 자신이 속한 팀에 엄청난 애정과 헌신을 보이면서도, 동시에 시장에서 자기 역량과 가치를 증명하고 표현할 수 있는 방법을 끊임없이 고민한다. 결코 편안한 길은 아니겠지만, 한번 이러한 속도와 사고가 몸에 배고 나면 괴로울 순 있어도 도태될 확률은 줄어들 것이다.

모든 팀이 스타트업처럼 일할 수는 없을 것이고, 그럴 필요도 없을 것이다. 조직의 규모와 생애 주기마다 그에 맞는 방식이 있을 것이기 때문이다. 하지만 좀 더 많은 기업의 채용 문화가, 좀 더 많은 인재들의 사고

방식이 위와 같이 냉철하지만 합리적이게, 실험적이지만 유연하게 변했으면 하는 바람이 있다.

"내가 독립을 성취할 때에만, 다시 말하면 목발 없이, 곧 남을 지배하거나 착취하지 않아도 서서 걸을 수 있을 때에만 존경이 가능하다는 것은 분명하다. 존경은 오직 자유를 바탕으로 해서 성립될 수 있다. 프랑스의 옛 노래처럼 사랑은 자유의 소산이며 결코 지배의 소산이 아니다."

에리히 프롬의 《사랑의 기술》에 등장하는 구절이다. 사랑에 임하는 서로가 충분히 주체적이고 독립적일 때 건강하게 오래 사랑할 수 있다는 사실에 반대하는 사람은 많지 않을 것이다. 꼭 사랑에만 해당되는 이야기는 아니다. 사랑이 아닌 일에 대입하여 읽어도 위 문장은 여전히 설득력이 있다. 회사와 나 모두 주체적이고 독립적으로 존재할 수 있을 때 더 건강한 방식의 관계 맺기가 가능해진다는 사고.

회사도 나를 선택하지만 나도 회사를 선택했으며, 둘 사이의 관계가 상호 존중과 합의를 통해 유지되고 있음을 계속해서 인지하고 있는 상태. 적절한 긴장과 설렘이 유지되는 이러한 관계야말로 양쪽 모두 지속 가능한 경쟁력을 확보할 수 있는 길이 아닐까?

일을 잘하는 수십 개의 방식

어떤 사람이 '일 잘하는 사람'인지, 누가 '일 못하는 사람'인지 정의 내리는 것은 언제나 조심스럽다. 어떤 부분에서는 뛰어난 사람이 어떤 부분에서는 모자랄 수 있으며, 반대의 경우도 있을 수 있다. 비슷한 가능성을 가진 사람이라고 해도 어떤 업무 환경을 만나는가, 어떤 상사와 동료를 만나는가에 따라 역량이 발휘되는 방식이나 정도가 많이 달라질 수 있다.

물론 이에 대한 의견은 여전히 분분한 것 같다. 일 머리가 없으면 아무리 가르쳐도 절대 늘지 않는다거나, 애초에 역량의 그릇은 정해져 있다거나 하는 말들은 예전이나 지금이나 유행이다. 사회생활을 20년, 30년씩 한 어른들끼리도 종종 의견이 갈리는 걸 보면 이는 어쩌면 맞고 틀림의 문제라기보다는, 각 개인이 자신의 경험과 직관을 총합해 '그럼에도 불구하고 무엇을 믿기로 결정하는가'의 문제인 것 같다.

오래도록 가져갈 나의 '일 스타일'

어쨌거나, 사람들은 저마다 다르게 일한다. 같은 팀이라고 해도 그 팀에는 아마 소속된 사람의 수만큼 '일하는 방식'이 존재할 것이다. 업무를 처리하고 의사 결정을 내리는 프로세스는 조직마다 정해져 있겠지만, 그럼에도 어떤 사람이 아이디어를 떠올리고 기획을 스케치하는 과정에서 스프레드시트를 켤지 구글 닥스를 켤지 노트를 펴고 손 글씨를 쓸지까지 관여할 수는 없는 법이다.

동료에게 폐를 끼치지 않고 제 몫을 다하기 위해 필요한 '일의 기본'이야 만국 공통일 테지만(ex. 명확한 커뮤니케이션, 마감을 지키는 것 등등), 거기에 붙는 '플러스 알파'의 영역에 들어서기 시작하면 일 잘하는 자기만의 스킬과 노하우는 수십, 수백 갈래로 뻗어나갈 수 있다. 요즘같이 변화가 잦고 빠른 환경에서는, 과거에 선호되던 인재상이나 전문성의 개념 역시 훨씬 다변화되어야 할 것이다. 일을 잘한다고 할 때 더 이상 객관적이고 절대적 기준이 있지 않은 것이다. 어떤 일을 잘하는가, 못하는가, 숙련되어 있는가, 아닌가가 아니라 새로운 것을 학습하고 그 안에서 자기만의 스킬과 노하우를 확보하는 속도 그 자체가 하나의 강력한 전문성일 수도 있다.

"Fashion fades, only style remains the same."
(유행은 사라져도 스타일은 남는다.)

코코 샤넬의 말이다. 나는 이 말을 보며, 오히려 우리의 일을 떠올렸다. 일을 하며 맡게 되는 직무나 직군, 소속된 직장 등이 '패션'이고 이는 얼마든 변할 수 있는 것이라면, 그 일을 대하는 우리의 태도와 스타일은 영원히 남을 것이라는 생각이 들었기 때문이다. 자신의 스타일을 비단 회사에 맞는 모양으로만 국한시킬 필요는 없다. '회사에 완벽하게 핏fit한 인재가 되는 것'이나 '이 회사에서 오래 살아남는 것'이 나의 일의 목표나 중심이 되어서는 안 된다. 오래도록 가꾸고 가져갈 나의 '일 스타일'은 무엇인지 고민해보자. 그게 곧 여러 변화들 속에서 보편적으로 나의 가치를 만들어주는 기반이 될 것이다.

이처럼 일을 잘하는 각자만의 스킬과 노하우가 보다 유연하게 받아들여질 수 있을 때 우리 역시 다양한 틈새시장에서 자기만의 스타일이 담긴 시도를 더 즐겁게, 자주 해볼 수 있을 것이다. 변화는 두려운 일이지만, 가진 게 많지 않은 입장일수록 변화와 친하게 지낼 필요가 있다. 우리 우아하게, 자기 스타일대로 변화라는 파도에 올라탈 방법을 고민해보자.

나를 위한 '일'은 없지만,
나를 위하는 '일'은 있다

어렸을 때 나는, 세상 어딘가에 나와 꼭 맞는 직업이 있으리라 생각했다. 나와 천생연분인 직업이 존재하며 내가 할 일은 그게 무엇인지를 알아내는 일일 뿐이라고 여겼던 것도 같다. 지금 돌이켜 보면 귀여운 생각이지만, 솔직하게 고백하자면 세상에 '나를 위한 일'은 없다는 사실을 인정하게 된 것은 꽤 최근의 일이다.

생각해보면 당연하다. 어떤 사람도 '일하기 위해', '어떤 직업을 갖기 위해' 태어나지 않기 때문이다. 따라서 어떤 직업에 필요한 능력을 완벽하게 갖춘 사람이 있거나, 반대로 내게 특화된 하나의 업이 있으리라는 생각은 꽤 환상에 가깝다. 물론 자신이 갖고 있는 강점이 극대화되거나, 단점이 크게 문제가 되지 않는 종류의 일을 발견하고, 즐겁게 하는 동시에 꽤 잘할 수 있는 일을 알고 있다면 그는 그대로 행운일 것이다. 하지만 그럼에도 여전히 '나를 위한 일'이 세상 어딘가에 기다리고 있다는 생각은 환상이다.

이 순간 뭘 할 수 있으면 가장 좋겠는가?

주위를 보면, 하루 종일 치열하게 일했음에도, 퇴근하고 나서 오늘 하루 동안 나 자신을 위해서 한 일이 아무것도 없다는 생각에 시달리는 사람들이 꽤 많다. 앞서 인터뷰했던 가영 님 역시 하루에 15시간, 16시간을 일한 날조차 잠들기 전이면 '내가 날 위해서 한 일 뭐가 있을까?' 하는 공허한 마음에 시달렸다고 했다. 이쯤 되면 우울해지기 시작한다. 세상에는 나만을 기다리는, 날 위한 일도 없거니와, 그럼에도 내가 맡은 일에 치열하게 최선을 다했건만 마음 한구석은 계속해서 어딘가 부족하고 공허하다고 외치고 있으니 말이다.

다행인 것은, 세상에 '나를 위한 일'은 없을지 몰라도, '나를 위하는 일'만은 얼마든지 우리 힘으로 벌일 수 있다는 점이다.

예를 들어 취향로 3가를 운영 중인 가영 님은사람을 만날 때 가장 즐겁고 활력을 얻는사람이었다. 그런데 개발자라는 직업 특성상 사람을 대할 기회가 적고 컴퓨터와 씨름을 하다 보니 사람이 고팠다. 그러다 펍을 운영하면서는 물리적으로야 하루에 두 배로 일을 해야 하니 몸은 고됐지만, 개발자라는 직업에서 결핍되어 있던 자신의 욕구가 충족되었다. 만족도, 그리고 삶의 주체성은 크게 향상되었다.

꼭 창업을 하거나, 스케일 있는 프로젝트를 하지

않아도 좋다. 다만 내가 지금 회사를 다니면서 어딘지 모르게 결핍을 느끼고 있거나 공허한 마음에 시달리고 있다면, 회사를 옮기거나 그만두는 방법을 떠올리기 전에 이를 상쇄하거나 채워줄 수 있는 새로운 옵션에 대해서도 적극적으로 상상해보자. 내게 필요한 것을 채워주는 수단으로써 딴짓을 적극적으로 활용해보는 것이다.

나를 위하는 법이 무엇일지 알기 위해서는 내가 지금 어떤 결핍을 느끼고 있는지, 머릿속을 어지럽히는 고민의 근본적인 원인이 무엇인지 등을 시간을 들여 살펴봐야 한다. 나조차 '나를 위하는 일'이 무엇인지 모르면서, 그걸 못 해준다고 회사나 타인을 탓할 수는 없는 거니까 말이다.

지금 이 순간 뭘 할 수 있으면 제일 좋겠는지, 어떤 변화가 찾아오길 가장 기대하는지 스스로에게 물어봐라. '나를 위하는 일'이 생각보다 별거 아닐 수도 있다.

시작은 미약하게! 끝은? 아무도 모름

생각해보면, 딴짓만큼 세상에서 '밑져야 본전'이라는 말이 어울리는 영역도 없는 것 같다. 해봤는데 별로라면 '그만두면 그만'이다. 해봤는데 결과물과 상관없이 그 과정 자체로 내게 즐거움과 활력을 준다면 좋은 일이다. 해봤는데 결과물까지 괜찮을 경우 아주 좋은 일이다! 시도해보지 않을 이유가 없는 셈이다. 《Hack Life》라는 책을 쓴 라이프 코치, 마크&엔젤 체르노프는 "자신의 상황을 변화시키기 위한 행동은 그게 긍정적이고 의도적인 행동인 이상 퇴행을 유발하지 않는다."라고 말했다.

내가 만난 모든 인터뷰이들이 공통적으로 했던 말 역시 "일단 시작하라."는 것이었다. 안다. 진부하게 들리는 것을. 하지만 시작하지 않으면 아무것도 달라지지 않는다. 진짜 지치고 피곤한 건 아무것도 하지 않는 것이라는 시연 님의 말에 조금이라도 공감하는 사람이라면, 속는 셈 치고 아무 일이나 저질러보자. 꼭 비싼 돈을 주고 운동을 끊거나 학원을 수강하는 것 말고도, 나 혼자서 혹은 나와 친한 동료와 함께 작게 벌여보고 싶은 작당 모의를 상상해보자. 말이나 한번 건네보자. 혹시 아는가. 그 사람도 당신처럼 몸이 근질근질, 뭐라도 해보고 싶어 고민하고 있을지도.

커리어란 '어디에 소속될 것인가'의 문제가 아니다

시작은 최대한 작고 가볍게 하길 권한다. 다이어트와 비슷한 원리다. 무리한 목표를 잡고 하루 이틀도 못 가서 아예 포기하게 되느니, 점진적으로 무게를 실고 가능한 한 오래 지속할 수 있는 구조를 만드는 게 중요하다. 이를테면 '책을 내겠어!'보다는 블로그나 브런치, 인스타그램에 일주일에 두 편 이상 글을 올리겠다는 정도의 목표를 세워보는 것이다. 대신 어떤 글을 올릴 것인지, 이 글들을 쭉 모았을 때 어떤 식으로 엮일 수 있을지를 미리 기획해보거나, 만일 브런치에 올릴 계획이라면 같은 주제로 함께 글을 연재할 만한 사람이 주위에 있는지 알아본 뒤에 제안을 해보는 식으로 프로젝트의 성격이나 규모를 내 상황에 맞게 조율하면 된다.

나는 대부분의 사람이 일을 좋아할 수 있다고 생각한다. 우리가 진짜 싫어하는 것은 일이 아니라 지금의 일하는 방식, 낡은 조직 문화, 변화를 따라가지 못하는 주변의 환경이라고 믿는다. 일을 바라보는 우리의 태도가 좀 더 열리고 확장되기를, 개인이 좀 더 '자기답게' 일할 수 있는 방법을 주체적으로 찾아 나설 수 있는 분위기가 마련되기를 바란다. 또 그러한 탐색의 과정이 회사를 걸고, 퇴사나 이직을 통해서만, 이민을 통해서만 가능한 것이 아니라 우리의 일상 속에서 자연스럽게 시도되고 병행되기를 바란다. 커리어는 분명 '어디에 소속될 것인가' 이상의 문제이므로.

일의 중심을 '회사'에서 '나'로 가져오는 것. 이는 단순히 편하게 일하라거나 적게, 하고 싶은 대로 일하라는 말이 아니다. 오히려 우리가 만난, 자신을 일의 중심에 놓고 일하는 대부분의 사람이 평균보다 더 많이, 더 오래 일했다. 일하는 시간의 많고 적음은 –극단적인 경우를 제외하면– 우리 생각보다 일의 만족도를 크게 좌우하지 않는다. 그보다는 '효율적으로, 주체적으로, 자유롭게 일하고 있는가'의 여부가 일에 대한 우리의 만족도를 좌우한다. 당장 회사에서 그렇게 일하는 것이 녹록지 않다면, 내가 주체가 되어 시도할 수 있는 딴짓을 벌임으로써 효능감과 자율성의 밸런스를 맞추는 것이 좋은 방법이 될 수 있다.

용기를 주는 사람 한 명 찾기

    이직 준비를 하던 중, 한 스타트업에서 최종 면접을 볼 때 이런 질문을 받았다,

    "이전 직장에서 일할 때 어떤 시간을 보냈나요? 행복하게 일했나요?"

    나는 오래 망설이지 않고 '그렇다'고 답했다. 답변이 의외라는 듯 면접관은 어떤 점 때문에 행복했는지 물었다. 나는 이렇게 답했다.

"존경할 수 있는 동료들이랑 일했거든요."

지치거나 고비가 찾아올 때마다 그럼에도 다시 일어설 수 있었던 이유는, 일을 하면 할수록 더 잘 해내고 싶었던 이유는 모두 동료였다. 내 대답에 면접에 참여했던 대표가 말했다.

"그 대답을 들으니 기쁘네요. 왜냐하면 지금까지 한 번도, 이 질문을 했을 때 '행복했다'고 말하는 분이 없었거든요. 그런데 저희는, 아니 적어도 저는 지금 행복하게 일하고 있어요. 비슷한 이유로요. 저희 팀원들도 그럴 수 있었으면 하고요."

개인적인 이유로 그 스타트업에는 가지 않았지만, 인터뷰 전형을 진행하는 동안 직원 혹은 동료를 진심으로 귀하게 여기고 최고의 자산으로 생각하는 팀임을 느껴서 그때 장면이 오래 기억에 남았다.

모든 스타트업 팀이 그런 것은 아니겠지만, 좋은 스타트업 팀에는 모두 옆자리 동료와 함께 일하는 것을 감사하게 여기는 동시에 서로에게 최고의 동료가 되기 위해 의식적으로 노력하는 문화가 있는 것 같다. 폐를 끼치지 말자는 마음을 넘어서, 팀에 최선의 기여를 하고 동료의 성장에 보탬이 되고자 하는 마음 말이다. 그 기저에는, 돈을 많이 주거나 고용 안정성이 높은 것도 아닌데 각자만의 이유로 자신의 한 시절을 배팅하러 온 사람들끼리 공유하는 무언가가 존재하는 것일지도 모른다.

이처럼 한번 우정을 나눈 동료의 힘은 강력하다. 팀을 떠나서도, 팀이 사라진 후에도 인연을 이어가게 된다. 그리고 언제 어디서든 '작당 모의'를 하고 싶을 때 가장 먼저 기획을 나누고 의사를 물을 수 있는 든든한 지원군이자 동료로 남는다.

반드시 그 한 사람을 찾아가야 한다

당신이 뭔가 재미난 일을 벌이고 싶을 때, 도전해보고 싶은 매력적인 일이 떠올랐을 때 반드시 기억해야 할 것이 하나 있다. 노트에 적힌 그 아이디어를 들고 '누구를 찾아가느냐'에 따라 같은 아이디어를 손에 쥐고도 전혀 다른 결과를 마주할 수 있다는 사실이다. 그때 반드시, 당신에게 용기를 주는 사람을 찾아가야 한다.

나는 -오직 내 인생에 대해서는- 하고 후회하는 것이 하지 않아서 후회하는 것보다 낫다고 믿는다(하고 나서 후회를 안 할 수 있다면 제일 좋겠지만). 하고 싶은 마음이 드는 무언가를 만났을 때, 일상의 컴포트 존 밖으로 나아가 새로운 시도를 하거나 작당 모의할 무언가가 떠올랐을 때, 당신의 아이디어와 결심을 지지하고 응원해줄 단 한 명을 찾아가기를 추천한다.

회사를 택하고 집을 고를 때, 중요한 데이트에서

입을 옷을 고를 때는 보다 여러 조언을 듣고 참고하는 과정이 필요할 수 있다. 그러나 사이드 프로젝트라든가, 어릴 적 못다 이룬 꿈에 대한 미련을 조금이나마 해소하기 위해 용기 내어 시도하려고 하는 아이디어에 관해서라면, 굳이 여러 명의 사람에게 밝히거나 동의를 구하거나 설득할 필요가 없다.

용기를 주는 사람 한 명을 찾고, 그에게 털어놓아라. 아이디어를 지지해주거나, 그게 아니라면 어떤 새로운 시도라도 해볼 것을 권해주는 사람을 자주 만나라. 그에게서, 당신이 필요한 만큼의 격려와 응원을 받은 뒤에 용기를 내서 실행하면 된다. 오랜 친구들이나 가족이 그 역할을 해줄 수도 있지만, 나의 경우 일을 하는 동안 그런 든든한 지원군들을 정말 많이 만났다. 새로운 생각과 과감한 시도를 응원하고 변화에 호의적인 사람들이 많은 스타트업계라서 그랬을 수도 있지만, 꼭 그런 것만은 아니라고 생각한다.

일터에서 만난 여러 사람들 중에서도 내가 가진 장점을 유독 잘 알아봐주고 나를 믿어준 사람을 유심히 기억해두었다가 용기를 내어 다가가보자. 그는 같은 팀이 아닐 수도, 가까이에서 일하는 사람이 아닐 수도 있다. 그런 아이디어를 털어놓을 만큼 친한 사이는 아니라고 생각할지도 모른다. 하지만 어쩐지 새로운 시도를 응원받을 수 있을 것 같은 사람이 눈에 띈다면, 내가 생각지도 못했던 나의 강점을 알아봐주고 내가 여기에 안주하지 않고 좀 더 나은 사람이 되고 싶게끔 만드는 사람이 있다면 직장에 구애받지 않는 관계를 만들어두기를 권하고 싶다. 용기를 주는 사람, 그리고 함께 가치를 만들 사람. 이 둘을 찾기 위한 레이더망은 언제 어디서든 켜두고 있는 것이 좋다.

마법은 늘 안전지대 밖에서 일어난다

얼마 전 요가 수련을 하는데 선생님께서 '두려움과 안정성은 짝꿍'이라는 말씀을 하셨다. 처음에는 잘 이해가 가지 않았는데, 수련이 끝날 무렵에 어렴풋이 이런 생각이 떠올랐다.

'내 안의 잠재력을 끌어내려면 새로운 시도를 해야 하고, 새로운 시도는 언제나 두렵다. 안정감을 주는 곳에 머물면 두려움을 느낄 필요는 없지만 내 안의 잠재력을 꺼내 쓸 수도 없다. 하지만 내가 가진 잠재력을 개발하지 않고 계속 안전한 곳에 머무는 일이야말로 궁

극적으로는 안정성을 해치고 두려운 상황에 직면하게
만드는 길일 것이다.'

'일하는 나'라는 캐릭터 키우기

새로운 시도, 도전 같은 단어는 내가 실제로 하기
전까지만 멋지고 아름답다. 실제로 새로운 시도를 하고
있거나 준비 중인 사람이라면 알겠지만 그건 '딱 죽겠
는' 일이다. 손에 익은 일과 이제 겨우 손에 쥔 권한과
자율성을 다 내려놓고 다시 바보로 돌아가는 것 같은
느낌이다. 무엇보다, 두렵다. 내가 이 새로운 시도를 잘
해낼 수 있을지 확신이 없고 괜한 짓을 하는 건 아닐까,
그냥 하던 거 잘할 걸, 의심이 시도 때도 없이 밀려들기
때문이다.

그러다 최근에 이런 마음을 효과적으로 달랠 방
법을 찾았는데, 그건 나 스스로를 게임 캐릭터라고 생

각하는 것이다. 어떤 게임 캐릭터도 기본 값부터 모든 스킬이 훌륭하지는 않다. 스킬을 익히고 아이템을 장착하고, 때에 따라선 길드나 팀을 이루어야 서서히 나만의 좋은 캐릭터로 거듭난다. '일하는 나'도 어찌 보면 이런 캐릭터 키우기 같은 거라고 생각한다. 다른 것은, 게임과 달리 삶에서는 단순히 스킬과 역량 외에 여러 변수가 존재한다는 것. 팀 문화나 일하는 방식 등 여러 경험에 다방면으로 영향을 받는다는 것일 테다.

　　게임처럼 현실도 결국 나를 어떤 사람으로 만들어갈 것이냐의 문제다. 거칠게 대입해보자면, 맨 처음 일을 시작할 때 우리는 아무것도 없는 맨몸의 캐릭터다. 캐릭터 특징에 따라 개발하기 쉬운 스킬이 있을 수도 있고, 캐시템을 장착해 레벨에 비해 꽤 괜찮은 능력을 갖추고 있을 수도 있다. 그러나 이런 것들은 모두 예외고 디테일일 뿐! 중요한 것은, 어떤 캐릭터도 한 번에 모든 스킬을 다 키울 수 없다는 사실이다.

매일 비슷한 미션만 깨면 비슷한 능력만 개발된다. 아니, 성장이 멈춘다. 어느 순간이 되면 관성이 생기고, 관성은 안주하게 만들기 때문이다. 일터에서의 안주는 단기적으로는 덜 고통스럽지만, 필연적으로 실력과 역량의 저하를 가져온다. 비슷한 실력과 역량을 가진 이들은 끊임없이 나타나고 그들은 빠르게 앞으로 나아가기 때문에, 익숙한 환경에서 주어진 업무를 해내는 것으로는 도태될 수밖에 없다.

이런 상황에서 나 스스로를 무엇으로 승부 보는 캐릭터로 만들어낼 것인지는 온전히 나의 선택이다. 동시에 그 선택들은 나에게 '변화'와 '새로운 시도'를 요구한다. 회사에 다니며 운동만 새로 시작하려고 해도 피곤하고 힘든데, 회사에 다니며 꿈꾸던 가게를 창업한다거나, 나의 직종을 변경하기 위해 밤마다 학원에 가서 수업을 듣고 포트폴리오를 만드는 것은 얼마나 두렵고 피곤하고 어려운 일일까.

그럼에도 꽤 많은 사람들이 그 어려운 일을 해낸다. 회사에 다니면서도 자꾸 일을 벌이고, 새로운 것들을 시도한다. 이유는 간단하다. 회사에서 일할 때 꺼내 쓰는 자기 안의 능력 말고도 다른 잠재력과 역량을 발굴하고 개발하고 키워, 그것으로 새로운 기회와 가능성을 만들고 싶은 마음 때문이다. 그래서 SNS나 미디어를 통해, 나와 크게 달라 보이지 않는 누군가의 시도와 성취를 보며 용기가 생기기도 하고, 직접 실행하는 데에 도움이 되는 양질의 정보를 접할 경로 자체가 많아진 것도 한몫했을 것이다.

새로움 가까이로 엉덩이를 옮겨보자

사람들이 사는 모양은 각양각색이다. 다만 내가 어느 쪽을 볼 것인지, 어떤 모양의 삶 가까이로 걸어갈 것인지에 따라 내가 살거나 살 수 있는 삶의 모양도 천차만별로 달라진다. 같은 회사, 같은 팀 안에도 큰 불만이나 위기의식 없이 회사생활을 오래, 무던하게 하는 것이 목표인 사람과 어떻게든 전문성을 길러 가치를 증명해야 한다는 위기의식이 강한 사람이 동시에 앉아 있을 수 있다.

나는 꼭 위기의식의 발현 때문이 아니라도, 새로움 혹은 변화 같은 것들과는 가까이 있으면 있을수록 좋다는 생각이다. 두렵지만, 어디로 나를 데려갈지 모르지만, 그렇게 새로 당도하게 되는 곳이 어디든 똑같은 자리에 계속 머무는 것보다는 나에게 훨씬 더 이로울 거라는 사실을 믿게 되었기 때문이다.

회사와 회사 밖에서의 일상이 온통 컴포트 존 안에서만 굴러가고 있다면, 약간만 변주를 줘보자. 낯선 의견, 새로운 사람, 처음 해보는 문화생활, 필요하다고 생각만 하고 미뤄뒀던 무언가. 새로움 가까이로 엉덩이를 슬쩍 옮기고, 그것이 가져다주는 불편과 영감 속에서 내가 어떤 식으로 반응하는지를 한번 지켜보자. 나도 모르는 새에 내가 지나치게 고집하거나 고수하고 있는 패턴, 습관 같은 게 있지는 않은지, 익숙하고 편한 것을 좋고 도움이 되는 것이라고 착각하고 있지는 않은지 말이다.

그런 의미에서, 나는 "마법은 늘 컴포트 존comfort zone 밖에서 일어난다."는 말을 좋아한다. 내가 편안하고 익숙한 곳에서 딱 한 발자국만 밖으로 나가보면, 내가 얼마나 좁은 세계에 갇혀 있었는지 알게 된다. 그런 자극과 영감은 일상에 작은 틈을 만들기 마련이고, 그 틈에서 무엇이 피어날 수 있을지 우리는 아직 알지 못한다.

내가 아니면, 누가?
지금 아니면, 언제?

　　나는 웬만하면 새로운 경험은 다 해보자는 주의
다. 모든 일에는 '첫 순간'이 있기 마련이고, 그 첫 번째
시도는 언제가 되었든 떨리고 서툴 것이므로, 기회가
주어졌을 때 그 순간을 최대한 일찍 겪자는 생각이다.
넘어져도 일어날 힘이 있을 때, 더 빨리 일어날 수 있을
때 말이다. 물론 그럴 때마다 '내가 자격이 있을까?'라
거나 잘할 수 있을지 모르겠다는 마음이 불쑥불쑥 치고
올라오지만, 그럼에도 그 감정들을 있는 그대로 마주하
며 내가 할 수 있는 방식으로 해내려고 애쓴다.

물론 처음부터 쉽게 됐던 건 아니다. 대담하게 결정한다고 해서 그걸 해내는 과정까지 쉬운 것도 아니다. 예를 들면, 첫 직장에 다니는 동안 외부 강연을 하거나 교육·지원 프로그램에 심사위원, 멘토 등의 자격으로 참여할 일이 종종 있었다. 그런 자리가 낯설기도 했거니와, '내가 뭐라고' 같은 마음의 소리가 너무 커서 처음에는 괴롭기도 하고 집중을 잘할 수 없었다.

그런데 어느 순간 내가 나를 의심하는 배경에 내가 '경력이 짧은 어린 여자'라는 사실이 있음을 알아차리게 되었다. 나로서는 꽤 충격적인 깨달음이었다. 주위에서는 나를 그렇게 볼 수도 있고 아닐 수도 있으며, 그건 알 수 없는 것인데, 일단 내가 나를 '어린 여자애'라고 생각하고 있었다는 걸 처음으로 깨달은 것이다.

그리고 내가 가진 콘텐츠, 내가 기여할 수 있는 부분에 집중하는 것이 아니라 나라는 사람이 겉보기에 어떻게 보일지를 지나치게 신경 쓰고 있다는 것도 알았다. 나이가 많고 경력이 긴 것과 그 사람이 가진 콘텐츠가 좋은 것은 별개임에도, 나도 모르게 주위를 둘러봤을 때 대부분 중년 남성으로 구성된 자리에서 주눅이 들며 '다들 이유가 있으니 이 자리에 왔겠지.'라고 생각했던 것이다.

그런 생각을 하는 건 버릇 같은 것이라서, 지금도 완전히 벗어났다고 할 순 없다. 하지만 적어도 나는 나 스스로를 어린 여자로 보지 말아야겠다는 생각만은 한다. 그래서 부러 더 자신 있게 배짱 있게 굴기로 했다. 배우 엠마 왓슨이 UN의 어느 자리에서 연사로 서며 '내게 자격이 있을까?'를 고민하다가 스스로에게 이런 질문을 던졌다고 한다.

'내가 아니면, 누가? 지금이 아니면, 언제?'

나도 유독 긴장이 되고 내가 이 자리에 어울리는 사람일지 모르겠을 때면 그런 질문을 던진다. 내가 아니면 누가? 만일 내가 이 자리의 유일한 여성이거나 유일한 젊은 세대일 때 나는 자격이 부족하거나 '미스 핏츠'인 것이 아니라, 나만이 대변할 수 있는 특정한 관점을 지고 있음을 기억하려 한다. 지금이 아니면 언제? 지금 두렵다고 이 기회를 미루거나 외면한다면, 과연 언제 내가 완벽하게 준비된 사람일 수 있을까. 그리고 내가 준비되었다고 느낀들 그때 이런 기회가 올까. 그러므로 기회가 찾아왔다면, 내가 뭔가 해볼 수 있는 틈이 보인다면, 그때가 바로 적기라고 믿으려고 한다.

그럼에도 시도하고 싶은 것들이 있다면

나에게 주어진 이 기회가 지금은 조금 과분하거나 난이도가 높아 보이더라도 이걸 해냄으로써 그다음으로 나아갈 수 있게 해주리라는 생각 때문에 도전한다. 분명 내일의 나는 오늘 이 제안을 수락한 나를 원망하고 미워하겠지만 그래도 하겠다는 마음으로 부러 두렵고 힘든 쪽으로 배팅하는 셈이다.

　누구나 두려움을 느낀다. 경험해보지 않은 것 앞에서, 내가 할 수 있을지 없을지 확신이 들지 않는 것 앞에서는 특히 그렇다. 내가 나약하거나 특별히 더 예민해서가 아니라, 새로움이나 어려움 앞에서 두려움을 느끼는 것은 자연스러운 일이다.

　셰릴 샌드버그의 《린 인》이라는 책에는 "두렵지 않다면 무엇을 할 것인가?"라는 질문이 나온다. 나는 이 질문을 자주 나에게 던진다. 새로운 제안이 들어왔는데 덜컥 겁이 날 때, 해본 적 없는 일이지만 언젠가 해보고 싶었던 일일 때, 무언가 새로운 것을 앞두고 마음이 필요 이상으로 방어적으로 변하며 자꾸 뒷걸음질을 칠 때, 자꾸 핑계를 대고 싶어질 때 등등. 적어도 나는, 망설이고 있던 이유의 대부분이 '두려움' 때문인 경우가 많았다.

중요한 것은 두렵지만 그럼에도 시도해보고 싶은 것이 무엇인지 아는 일이다. 두렵지 않다면 무엇을 할 것인가, 스스로에게 자꾸 물어보라. 사금 캐기를 하듯이. 그러면 두려워서, 낯설어서, 안 해봤다는 이유로 막연히 놓치거나 밀어두었던 여러 선택의 가능성들이 차츰 떠오를 것이다. 내 안에서 일어나는 두려움을 어떻게 다루어야 할지 알면 생각보다 훨씬 많은 일들을 해낼 수 있다.

내 자리는 내가 만든다

언젠가 집 짓기에 관련된 엉뚱한 생각을 한 적이 있다. 만일 누군가 우리에게 덜컥 집을 지으라고 한다고 해보자. 업체에 맡기거나 사람을 고용하는 것이 아니라 내 손으로 직접 지어야 한다. 당연히 황당하게 들릴 것이다. 일단 집을 짓는 방법을 모를뿐더러 우리 중 대부분은 살면서 집을 지을 일이 있을 거라는 생각 자체를 해본 적이 없을 것이기 때문에, 그런 지시 자체가 이상하거나 실현 불가능한 말이라고 생각할 가능성이 높다. 그래서 아마 그 지시 자체를 따르지 않거나, 시도를 하더라도 '이게 가능한 거야?' 투덜대며 실현 가능성에 대한 의심을 거두지 못할 것이다.

그런데 만일 당신의 힘으로 집을 지을 경우 그 집은 당신 소유가 된다는 조건이 붙으면 어떨까? 그때도 집을 짓는 방법을 모른다거나 그런 생각은 한 번도 해보지 않았다는 것이 큰 문제가 될 수 있을까?

당장 뚝딱뚝딱 멋진 2층 주택을 만들 수는 없겠지만, 일단 내가 살고 싶은 집이 어떤 형태인지 상상해보고 그걸 만들려면 어떻게 해야 하는지, 지금 나의 능력으로 그 목표를 달성하려면 무엇이 필요하고 그것을 어디에서 얻을 수 있는지 아마 열과 성을 다해 알아볼 것이다.

어떤 일을 함으로써 따라오는 보상이 뚜렷하고, 그 보상이 내가 정말 원하거나 필요한 것일 때, 사람들은 놀라운 능력을 발휘한다. 지금까지 없던 개념이고 사고방식이더라도, 그것이 가져올 변화와 임팩트가 나의 삶에 어떤 영향을 미치게 될지 명확히 알면 그 대상을 무조건 찬양 혹은 배척하는 것이 아니라 좀 더 현명한 태도를 취할 수 있다.

더 이상 회사가 내 삶을 책임져줄 수 없다는 것. 회사와 나는 주고받는 관계이며, 내가 가진 능력의 결을 가장 잘 알아주고 가장 잘 살려줄 수 있는 곳을 이제는 우리가 적극적이고 주체적으로 선택할 수 있는 시대라는 것. 회사 밖에서도 자립할 수 있는 사람만이 어떤 회사에서도 인정받고 오래 건강하게 일할 수 있다는 것. 평생 직장은 없지만 평생 일해야 하는 시대, 노동으로 생계를 유지해야 하는 사람이라면 누구나 자기 자신을 하나의 브랜드로 만들 필요가 있다는 것.

이러한 사고방식이 누군가에게는 막연한 거부감으로, 누군가에게는 낯설고 두려운 것으로, 누군가에게는 먼 나라 이야기로 느껴질 수 있다. 하지만 커리어 시장이 변화하고 회사가 인재를 채용하는 방식이 달라지고 있으며 노동으로 삶을 유지하는 방식과 유형이 점점 다양해지고 있다. 이를 생각할 때, 이러한 변화가 내 삶에 어떤 영향을 미칠지 들여다보는 일은 반드시 필요하다.

우리는 필연적으로 점점 변화에 둔감해질 것이며, 점점 덜 건강하거나 덜 민첩해질 것이다. 몸값은 어떤 식으로든 오를 것이고, 요구받는 책임과 능력은 가파르게 커질 것이다. 이런 불투명한 상황일수록, 내가 어떤 식으로 일할 수 있고 일하고 싶은지를 젊을 때 자주, 가볍게, 이것저것 실험하며 체득하고 파악해두어야 하지 않을까. 가볍게 부담 없이 할 수 있을 때 많이 해봐야, 나중에 진짜 한 방을 날려야 할 때의 타율도 높일 수 있을 테니까.

당신이 다른 무엇의 힘을 빌리지 않고 당신 힘으로 만든 것은 모두 당신 것이다. 온전히 당신 것으로 남는다. 그것들은 당장 눈에 보이고 손에 잡히지 않을지는 몰라도, 한 채의 집보다 더 근본적인 방식으로 당신 삶에 영향을 미칠 것이다.

이 아까운 것들이
다 흘러가버리기 전에

개인적으로 삶의 시기에 따라 자신에게 맞는 '워라밸'이 있는 것 같다던 한 인터뷰이의 말이 오래 기억에 남는다. ('워라밸'이라는 말이 마음에 들지 않는다면, 인생의 각 시기에만 발휘할 수 있는 '일에 대한 몰입도'와 '에너지' 정도로 해두자.) 체력도 시간적 여유도 넘쳐날 때 발휘할 수 있는 에너지의 양과 가정을 꾸리고 누군가의 파트너이자 부모 역할을 해야 하는 시기에 커리어를 위해 쏟을 수 있는 집중력과 에너지는 다르기 마련이다.

따라서 손발이 가장 자유로울 때, 가진 게 없기

때문에 도리어 민첩하게 움직일 수 있을 때 최대한 여러 시도를 하고 많이 실패해보며, 앞으로 20년, 30년, 50년간 내 커리어를 어떤 이야기로 채워나갈지 고민해보자는 것이다.

이 책은 구체적으로 이직의 기술이라든가, 투잡을 하며 큰돈을 버는 법, 사이드 프로젝트를 통해 짭짤히 부수입을 올리려면 어떻게 시작해야 하는가 같은 구체적인 물음에 대해 정해진 답을 주지 않는다. 그래서 끝까지 읽고 나서도 여전히 가슴이 답답하거나 모호한 느낌이 남을지도 모른다.

하지만 고민만 하다가 10년이 흘렀다는 말을 하지 않기 위해서, 연습 게임도 몇 번 하지 못한 채 결승전에 오르지 않기 위해서 '뭘 해볼 수 있을까' 고민의 싹을 틔우게 되었다면 그것만으로도 전하고자 했던 바를 충분히 달성했다고 생각한다.

내가 가진 한정된 에너지를 현명하게 쓰기 위해서, 나는 나를 알아야 한다. 그러나 우리 사회는 내가 나 자신을 알아갈 여유나 기회를 지독히도 허락하지 않는다. 따라서 삶이 던져오는 다양한 챌린지들 속에서도 조금이나마 더 자유롭게, 다양한 선택지를 확보하며 살고 싶다면 나를 알아가는 시간의 자리를, 기를 쓰고 내 일상에 마련할 필요가 있다.

'누구처럼 되려면', '어떤 회사에 들어가려면'이 아니라 '내가 가장 즐겁고 자유롭게 일할 수 있는 방식'을 고민하고 연구해보자. 내가 지금 있는 자리에서 주어진 몫만큼을 잘 해내되, 나에게 있는 또 다른 에너지, 바람, 기대, 가능성을 어디에 쏟아 부을지, 무엇에 투자할지 만큼은 나의 의지로 결정하자.

이 아까운 것들이 다 흘러가버리기 전에 말이다.

딱 여섯 시까지만 열심히 하겠습니다

2019년 10월 10일 초판 1쇄 발행
지은이 · 이선재
펴낸이 · 김상현, 최세현 | 경영고문 · 박시형

책임편집 · 조아라, 양수인, 김형필 | 디자인 · 정아연
마케팅 · 양봉호, 권금숙, 임지윤, 최의범, 조히라, 유미정
경영지원 · 김현우, 강신우 | 해외기획 · 우정민, 배혜림 | 디지털 콘텐츠 · 김명래
펴낸곳 · 팩토리나인 | 출판신고 · 2006년 9월 25일 제406 - 2006 - 000210호
주소 · 서울시 마포구 월드컵북로 396 누리꿈스퀘어 비즈니스타워 18층
전화 · 02 - 6712 - 9800 | 팩스 · 02 - 6712 - 9810 | 이메일 · info@smpk.kr

팩토리나인(Factory9)은 독자 여러분의 책에 관한 아이디어와 원고 투고를 설레는 마음으로 기다리고 있습니다. 책으로 엮기를 원하는 아이디어가 있으신 분은 이메일 book@smpk.kr로 간단한 개요와 취지, 연락처 등을 보내주세요. 머뭇거리지 말고 문을 두드리세요. 길이 열립니다.